Beatrix Bethmann, Annett Tinajew

Hauswirtschaftlich handeln

Betreuung und Versorgung

1. Auflage

Bestellnummer 17037

Bildungsverlag EINS

Haben Sie Anregungen oder Kritikpunkte zu diesem Buch?
Dann senden Sie eine E-Mail an 17037@bv-1.de
Autoren und Verlag freuen sich auf Ihre Rückmeldung.

www.bildungsverlag1.de

Bildungsverlag EINS GmbH
Sieglarer Straße 2, 53842 Troisdorf

ISBN 978-3-427-**17037**-2

Vorwort

Hilfe im Haushalt und somit auch Hilfe bei der Betreuung von Menschen wird immer notwendiger und wichtiger. Berufstätige Frauen benötigen Unterstützung bei der Betreuung ihres Kindes, Familien brauchen Hilfe bei der Versorgung und Betreuung eines erkrankten oder behinderten Familienmitgliedes. Unsere Gesellschaft wird immer älter, aber viele Senioren möchten in ihrer eigenen Wohnung weiterleben und ihre Selbstständigkeit bewahren. Dabei brauchen sie jedoch Unterstützung.

Dieses Buch richtet sich in erster Linie an Schülerinnen und Schüler der Berufsförderschule für die Ausbildung zur Hauswirtschaftstechnischen Helferin/zum Hauswirtschaftstechnischen Helfer und vermittelt Grundwissen in Bezug auf die Betreuung von Menschen. Es kann außerdem unterstützend als Lehrmaterial für die Berufe Altenpflegehelfer, Krankenpflegehilfe und Sozialhilfe dienen.

Das Buch ist als Lehrbuch konzipiert. Es verbindet Fachwissen mit Arbeitsaufgaben, um zum Nachdenken und zum Sprechen anzuregen und zum selbstständigen Handeln zu motivieren.

Die Autorinnen

Inhaltsverzeichnis

9 Leben im Alter

10 Das Leben ist endlich wenn die Uhr des Lebens stillsteht – oder: von Tod und Trauer

1 Grundlagen für die Betreuung in der Hauswirtschaft

1.1 Welche Personen benötigen unsere Betreuung?

Die Entwicklung unserer Gesellschaft zeigt, dass sich Lebensstile und Lebenssituationen in den vergangenen Jahren verändert haben.

Es ist heute selbstverständlich, dass viele Frauen berufstätig sind und somit Haushaltsführung, Kindererziehung usw. anders verteilt und organisiert werden müssen.

Die Betreuung von Familienmitgliedern, z. B. bei Pflegebedürftigkeit im Alter, ist aufgrund der veränderten Arbeitsmarktlage oft nicht durch die Familie zu leisten.

Hier eröffnet sich ein relativ großes Betätigungsfeld für die Hauswirtschaftstechnischen Helfer, denn die Nachfrage an hauswirtschaftlichen Dienstleistungen wächst ständig. So gewinnt das Arbeitsfeld der Betreuung zunehmend an Bedeutung.

Betreut werden können Menschen jeden Alters:
- Kinder (Säuglinge, Babys, Kleinkinder, Schulkinder)
- Jugendliche
- Erwachsene
- Ältere Menschen

Aber auch Menschen in besonderen Lebensumständen benötigen Betreuung:
- Menschen mit Behinderungen
- kranke Menschen

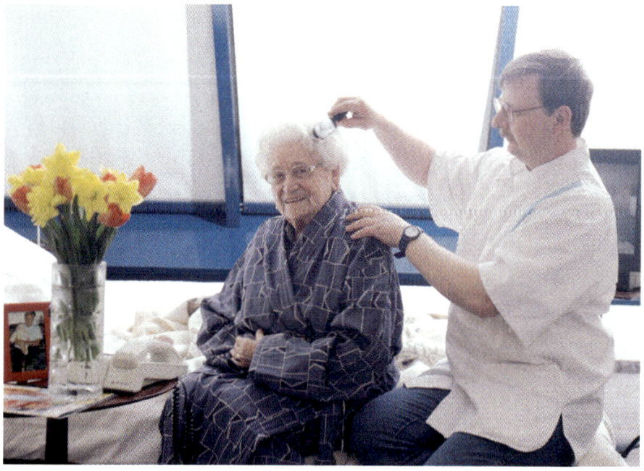

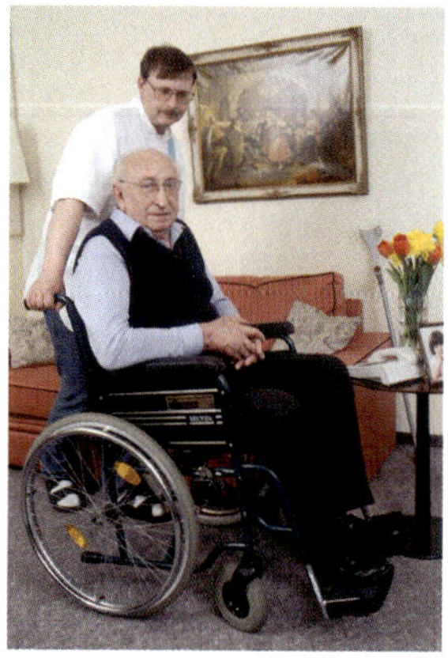

1.2 Persönliche Voraussetzungen für eine gute Betreuung

Ein Sprichwort besagt: „Wie man in den Wald hineinruft, so schallt es zurück." Dies bedeutet nichts anderes, als dass man Menschen so gegenübertreten sollte, wie man selbst gern behandelt werden möchte.

Freundlichkeit, Höflichkeit und angemessene Umgangsformen sind daher unerlässliche Voraussetzungen für die Erfüllung von Betreuungsaufgaben.

Was ist angemessenes Verhalten?

Man muss in der Lage sein, sich gegenüber verschiedenen Personen entsprechend ihres Alters oder Ranges (z. B. ältere Dame, Arbeitgeber) richtig zu verhalten.

Dies trifft ebenso auf die unterschiedlichen Situationen zu, in denen man sich befindet (z. B. beim Telefonat mit Kunden, bei der Betreuung eines Kranken, bei einem Geschäftsessen)

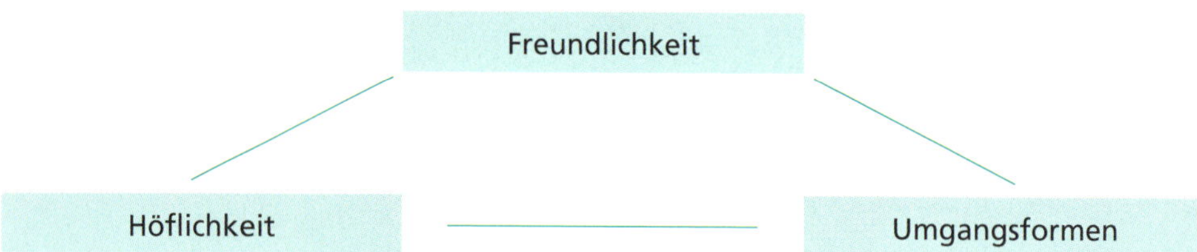

1.2.1 *Grüßen und Vorstellen*

Die Art einer Begrüßung richtet sich nicht nur nach der Tageszeit.

Während im Freundeskreis ein freundliches „Hallo" genügen kann, sollte man den Bewohner eines Altenheimes mit „Guten Tag" grüßen.

Ein Lächeln und der Blickkontakt gehören selbstverständlich dazu.

Die entsprechenden Grüße sollten der Tageszeit angepasst sein,

Beispiele: „Guten Morgen" bis ca. 9.00 Uhr
„Guten Abend" ab ca. 18.00 Uhr (bzw. wenn es dunkel ist am Abend)

Auf folgende Regeln sollte außerdem geachtet werden:
- Herren grüßen Damen zuerst.
- Jüngere grüßen Ältere zuerst.
- Zuerst grüßt, wer in einen Raum kommt oder diesen verlässt.
- Beim Begrüßen steht der Herr auf, die Dame darf sitzenbleiben.

Wie nah man einem Menschen kommen darf, entscheidet das Verhältnis zueinander.

Familienangehörige, Freunde und vertraute Menschen können nach einem Händedruck durchaus umarmt werden, wenn dies untereinander so üblich ist. Auch ein kurzer Abstand zueinander, etwa der Länge des Unterarmes entsprechend, wird diesen Personen nichts ausmachen.

Anders verhält es sich beispielsweise am Arbeitsplatz. Ist es üblich sich mit Handschlag zu begrüßen, so sollte man sich dem anpassen. Es ist sehr unhöflich, eine dargebotene Hand nicht anzunehmen. Die Entfernung zum Gesprächspartner entspricht dabei etwa einer Armlänge.

Befinden sich viele Personen in einem öffentlichen Raum, genügt eine allgemeine Begrüßung ohne Handgeben.

Geschlossene Türen sind als Grenze zu akzeptieren und werden erst nach dem Anklopfen und der Aufforderung zum Eintreten geöffnet. Es wird gewartet, bis man einen Platz angeboten bekommt. Dies betrifft besonders Einrichtungen wie z. B. Ämter, Büros oder Sprechzimmer.

Aufgabe

Überlegen Sie, welche Begrüßungsformeln zu welcher Tageszeit benutzt werden.

Ist man neu in der Schule, am Arbeitsplatz oder in Gruppen jeglicher Art, muss man sich persönlich vorstellen.

Dabei sollten der Name und der Vorname genannt werden, um später höflich angesprochen werden zu können.

Wie viel und was man über sich erzählt, ist von der entsprechenden Situation abhängig.

Wenn Sie sich in der neuen Klasse vorstellen, ist es durchaus angebracht, etwas mehr über sich zu erzählen. Dies erleichtert das Kennenlernen. Schließlich werden Sie voraussichtlich drei Jahre gemeinsam lernen.

Beispiel

Über folgende Punkte könnte gesprochen werden:
- Name
- Alter
- Hobbys/Interessen
- Lieblingsfilme, -musik, -bücher usw.

Aufgabe

Nachdem sich alle Schülerinnen und Schüler vorgestellt haben, erstellt jeder schriftlich einen Steckbrief über sich. Alle Steckbriefe werden gemischt und neu verteilt. Jeder muss nun die erhaltene Information der richtigen Person zuordnen.

1.2.2 Der Umgang am Telefon

Am Telefon ist es wichtig, sich nach der Begrüßung mit dem Namen vorzustellen und dann sein Anliegen vorzubringen.

Sie sollten dabei deutlich und nicht zu schnell sprechen.

Erhält man einen Anruf am Arbeitsplatz, ist diese Reihenfolge angebracht:
- Begrüßung
- Name des Betriebes/der Einrichtung
- Name
- Erkunden nach dem Anliegen des Anrufers

Der Angerufene sollte mit seinem Namen angesprochen werden. Außerdem ist auf einen freundlichen Tonfall zu achten.

Durch Mobiltelefone ist man fast überall und immer erreichbar. Es ist jedoch unhöflich, Telefonate während eines persönlichen Gespräches oder eines gemeinsamen Essens anzunehmen. Man signalisiert dem Gegenüber so Desinteresse. Das Handy sollte man deshalb rechtzeitig ausmachen oder den Ton abschalten. Wer dringend erreicht werden soll, wird meist noch einmal angerufen.

Aufgabe

Schreiben Sie verschiedene Anliegen sowie Firmennamen möglicher Anrufer auf Karteikarten. Verteilen Sie die Karten in der Klasse an jeweils zwei Schüler. Üben Sie nun das Entgegennehmen und das Führen von Telefongesprächen.

1.2.3 Umgangsformen am Tisch

Verhalten am Tisch

Ein Essen sollte in angenehmer Atmosphäre eingenommen werden. Dazu gehört nicht nur die richtige und sichere Handhabung des Besteckes, sondern auch ein angemessenes Verhalten.

Rauchen oder Telefonate sind genauso unpassend wie laute Gespräche, wildes Gestikulieren oder diverse Geräusche.

Der Platz auf dem Tisch sollte für eine Person etwa 70 cm betragen. Alle weiter entfernten Gegenstände kann man sich durch seinen Sitznachbarn mit freundlichem „Bitte“ und „Danke“ reichen lassen.

Das Essen beginnt gemeinsam, ebenso warten alle bis jeder am Tisch den nächsten Gang erhalten hat.

Servietten werden auseinandergefaltet und auf den Schoß gelegt. Bevor etwas getrunken wird, wird der Mund vorsichtig abgetupft oder abgewischt, dann wird die Serviette wieder zurückgelegt.

Man sitzt aufrecht und führt Löffel und Gabel zum Mund, keinesfalls umgekehrt. Auch die Ellenbogen gehören nicht auf den Tisch.

Der gedeckte Tisch

Bei einem größeren Menü taucht manchmal die Frage auf, welches Besteckteil wann und wofür benutzt wird. Als Faustregel gilt: Von außen beginnend wird für jeden Gang ein Besteck benutzt. Verschiedene Getränke werden in den entsprechenden Gläsern von rechts beginnend gereicht.

Die folgende Abbildung zeigt einen gedeckten Platz für ein festliches Menü.

3-Gang-Menü

5-Gang-Menü

Aufgabe

Erstellen Sie eine Speisefolge und decken Sie einen Platz entsprechend ein. Üben Sie den Umgang mit Besteck, indem Sie ein Salatblatt falten, Kartoffeln in mundgerechte Stücke schneiden oder Kuchen mit der Gabel teilen.

1.3 Teamarbeit erleichtert die Betreuung

Nicht umsonst heißt es:
„Gemeinsam ist man stark".

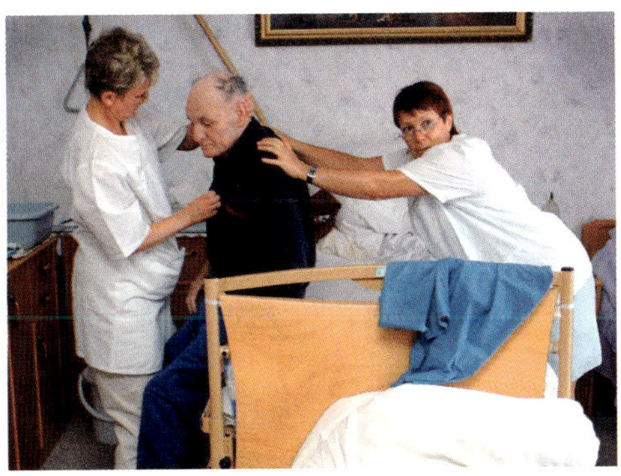

Die Erfüllung von Betreuungsaufgaben kann durchaus zu körperlichen und seelischen Belastungen führen.

Auf die persönliche Gesunderhaltung ist deshalb besonders zu achten, da das Berufs- und Arbeitsleben den größten Teil der Lebenszeit des Menschen ausmacht. Teamarbeit in einem harmonischen Arbeitsklima kann dazu einen wichtigen Beitrag leisten.

1.3.1 Merkmale der Teamarbeit

Teamarbeit bedeutet, sich in eine Gruppe einzufügen und gemeinsam Verantwortung zu übernehmen, gemeinsam Probleme zu lösen und sich gegenseitig zu unterstützen.

Daraus ergeben sich folgende Merkmale:
- Alle Mitglieder des Teams sind gleichberechtigt.
- Durch Zusammenarbeit und Informationsaustausch wird das bestmögliche Arbeitsergebnis erreicht.
- Für den Erfolg sind alle gleichermaßen verantwortlich.
- Jedes Mitglied bringt sein Wissen und Können ein.
- Meinungen und Kritik werden offen, aber angemessen und höflich geäußert und sind auch zu akzeptieren.
- Mögliche Konflikte werden innerhalb des Teams gelöst.
- Durch Ehrlichkeit wird das Vertrauen gefördert.
- Gemeinsam getroffene Entscheidungen sind für alle verbindlich.

Aufgabe

Planen Sie die Vorbereitung eines Picknicks für die Klasse.

Legen Sie die Aufgaben des Einzelnen fest. Jeder stellt dann seine Vorgehensweise zur Lösung seiner Aufgabe vor.

1.3.2 Vorteile gemeinsamer Arbeit

Durch das gemeinsame Vorgehen und durch den Informationsaustausch kann Zeit eingespart werden.

Fehler können leichter erkannt werden und die Gefahr Fehlentscheidungen zu treffen verringert sich.

Probleme lassen sich schneller lösen.

Es können größere Arbeitserfolge erreicht werden und die Qualität der Arbeit gesteigert werden.

Nicht zuletzt wird das Arbeitsklima und der soziale Kontakt der Teammitglieder gefördert.

Zeit eingespart	Fehler leichter erkannt	Probleme schneller lösen
größere Arbeitserfolge	Qualität	soziale Kontakte gefördert

1.3.3 Einschränkung der Teamarbeit

Jede Arbeitsgruppe braucht einen Teamleiter, der Anweisungen von außerhalb weitergibt und auf die Umsetzung von Entscheidungen achtet.

Nicht alle Menschen kommen gleich gut miteinander aus, zwischen den Beteiligten können Konflikte entstehen.

Das eigene Streben nach Karriere und Profilierung kann hinderlich sein und zu Ausgrenzungen führen.

Teammitglieder können dazu neigen, sich weniger einzubringen und sich auf den Erfolgen der anderen auszuruhen.

1.4 Rechtliche Grundlagen der Betreuung

Am 1. Januar 1992 ist das Gesetz zur Reform des Rechts der Vormundschaft und Pflegschaft für Volljährige (Betreuungsgesetz – BtG) vom 12. September 1990 (Bundesgesetzblatt, Teil 1, Seite 2002) in Kraft getreten.

Betreut werden können demnach Personen, die wegen psychischer Krankheiten oder geistiger, seelischer oder körperlicher Behinderungen hilfsbedürftig sind.

Betreuer übernehmen nur Aufgabenbereiche, welche die betroffenen Personen nicht selbstständig erledigen können.

Ein Betreuer kann der hilfsbedürftigen Person vom Vormundschaftsgericht bestellt werden. Neben nahestehenden Personen (Verwandte oder enge Freunde) können es auch Betreuer sein, die diese Tätigkeit ehrenamtlich ausüben.

Neben der Verantwortung des Betreuers ist seine Einhaltung der Schweigepflicht besonders wichtig.

Es ist die Pflicht des Betreuenden, Tatsachen geheimzuhalten, d.h. gegenüber Dritten über Krankheiten, finanzielle Situation usw. zu schweigen.

Die Schweigepflicht ist meist im Betreuungsvertrag festgeschrieben und besteht über die Beendigung des Vertrages hinaus.

Das Gesetz ist auch im Internet nachzulesen.

Aufgabe

Lesen Sie im oben angegebenen Gesetzestext über die Funktion des Betreuers und notieren Sie wichtige Fakten.

1.5 Wahrnehmen und Beobachten

Hauswirtschaftstechnische Helferinnen und Helfer betreuen Menschen in unterschiedlichem Lebensalter und Situationen. Um diese Aufgabe erfolgreich zu erfüllen, müssen die Bedürfnisse der „Kunden", also der Bewohner, Gäste, Patienten usw. bekannt sein.

Weinendes Kind

Alter Mann

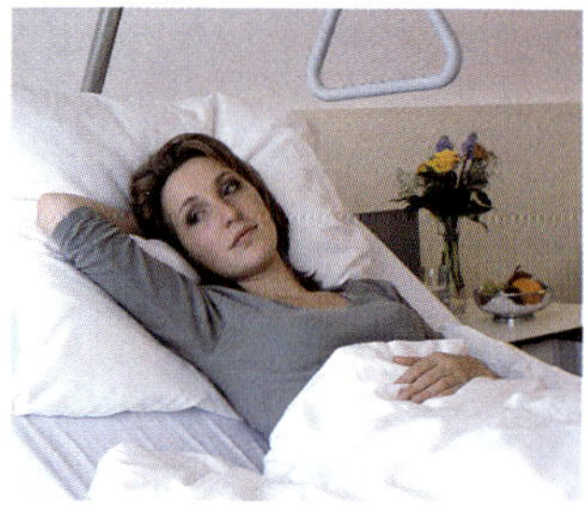

Kranke im Bett

Aufgabe

Nennen Sie Bedürfnisse der drei Personen!

Damit die Bedürfnisse der „Kunden" erfüllt werden können, müssen diese richtig wahrgenommen und beobachtet werden.

Wahrnehmung

Wahrnehmung ist eng an die Erfahrung des Einzelnen und dessen erlebte Situation gebunden und beinhaltet somit Beobachtung, Denken und Fühlen.

Wahrnehmung ist immer subjektiv, da sie unterschiedlich beeinflusst wird. Das können persönliche Interessen, Stimmungen und Erwartungen sein.

Wahrnehmung ist aber auch die Verarbeitung von Reizen, die durch unser Nervensystem über die Sinnesorgane aufgenommen werden.

Beobachtung

Beobachtung ist ein bewusstes Wahrnehmen mit den Sinnesorganen.

Beobachtungen sind meist

- planmäßig (Ich habe es mir vorgenommen)
- gezielt (Ich weiß, warum ich etwas tue)
- systematisch (Ich beobachte in einer bestimmten Reihenfolge)
- auf einen bestimmten Vorgang oder eine Tätigkeit ausgerichtet.

Bei Beobachtungen müssen Sie aber auch Folgendes wissen:

a) Es gibt Täuschungen der Wahrnehmung:

Was zeigen die Bilder?

b) Mit einem Begriff können unterschiedliche Erfahrungen verbunden sein:

Beispiele

Sonne → Wärme
Sonne → Bräune
Sonne → Sonnenbrand

Wind → Angenehme Frische
Wind → Kopfschmerzen
Wind → Unwetter

c) Unsere Sinne nehmen unterschiedlich wahr oder es können Störungen vorliegen:

Beispiele

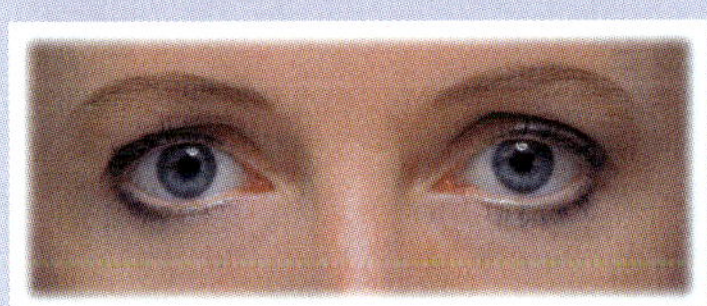

Eine Rot-Grün-Schwäche der Augen kann zum Verlust der Fahrerlaubnis führen.

Das räumliche Sehen ist eingeschränkt oder nicht vorhanden.

Aufgabe

1. Nennen Sie Menschengruppen, die Ihre Kunden sind.
2. Nennen Sie Situationen, in denen Sie Ihre Kunden antreffen können.
3. Welche Erfahrungen verbinden Sie mit den Begriffen „jung" und „alt"? Tauschen Sie Ihre Erfahrungen mit einem Mitschüler aus und tragen Sie Ihre Meinung in der Klasse vor.

1.5.1 Die Sinnesorgane

Mithilfe unserer Sinnesorgane haben wir nicht nur Verbindung zur Außenwelt, wir erhalten durch sie auch wichtige Informationen über das Innere unseres Körpers. Die Sinnesorgane nehmen bestimmte Reize auf und leiten sie an das Hirn weiter. Dort werden sie zu Sinneswahrnehmungen: Bilder, Geräusche, Gerüche, Gefühle und der Geschmack entstehen.

Sinnesorgane	Was nehmen sie wahr?
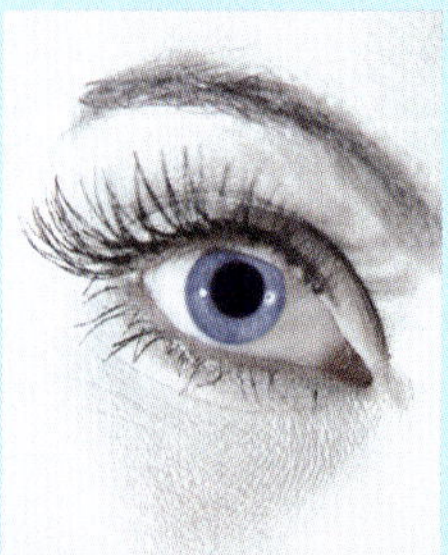	Das Auge ermöglicht uns das Sehen. Lichtreize (hell, dunkel, Farben) werden aufgenommen und als Bild im Hirn registriert.
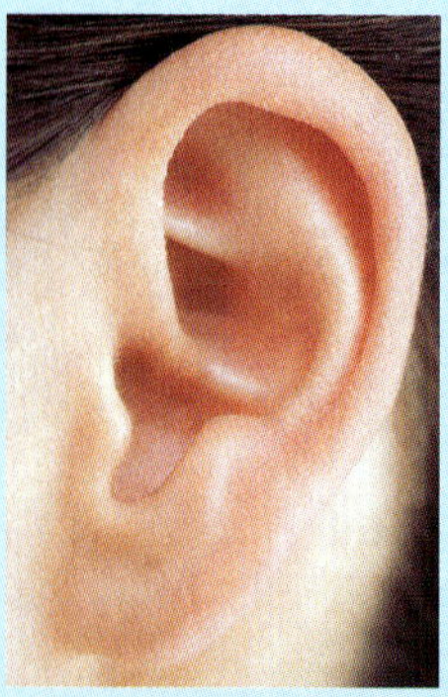	Das Ohr ermöglicht das Hören. Schallreize (laut, leise, verschiedene Töne) werden aufgenommen. Gleichzeitig ist es das Gleichgewichtsorgan.
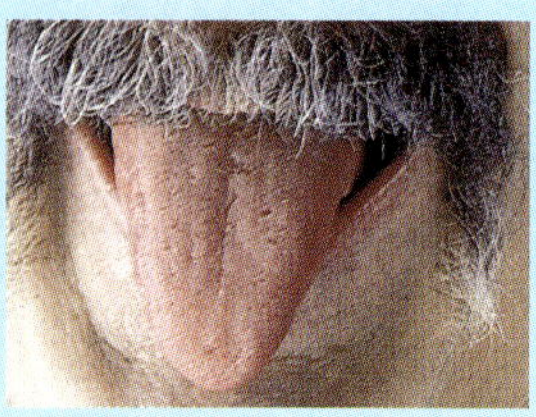	Mit der Zunge und dem Gaumen werden Geschmacksreize aufgenommen. Wir schmecken: süß, sauer, salzig, bitter.

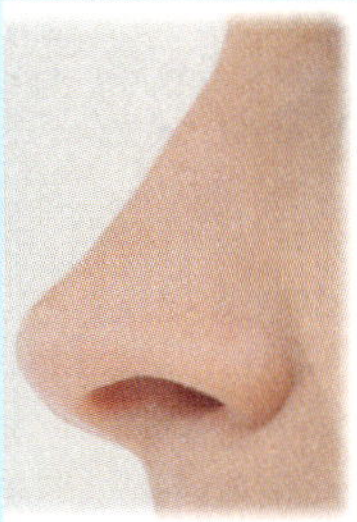	Mit der Nase können wir verschiedene Gerüche aufnehmen und riechen. Der Geruchssinn des Menschen ist besser ausgebildet als der Geschmackssinn.
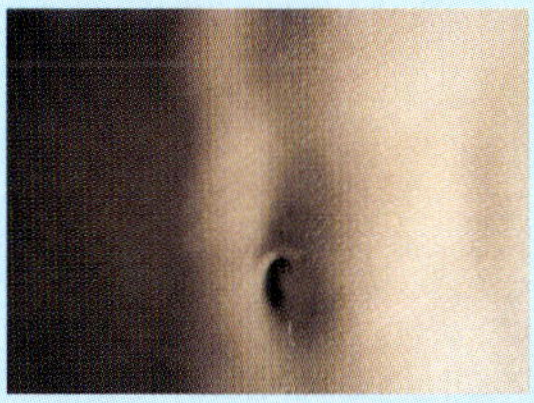	Die Haut als unser größtes Sinnesorgan ermöglicht unterschiedliche Wahrnehmungen: z. B.: heiß, kalt, rau, glatt, fest, flüssig

Durch die Sinnesempfindungen (riechen, fühlen, schmecken usw.) erhält der Körper unterschiedliche Informationen, die wahrgenommen, verarbeitet und gespeichert werden. Diese Informationen können zu Handlungen führen.

Beispiel: Sie fühlen Wärme und sehen Rötungen des Kopfes.

Aufgabe

1. Welche Handlungen kann diese Wahrnehmung auslösen?
2. Was könnte sich dahinter verstecken?

1.5.2 Möglichkeiten der Wahrnehmung und Beobachtung

Mimik und Gestik

Kinder, Kranke, Behinderte oder auch alte Menschen sind oft noch nicht oder nicht mehr in der Lage, ihre Bedürfnisse oder Wünsche in Worte zu fassen oder auch sprechen zu wollen. Über Mimik, Gestik oder Körperhaltungen können Sie durch gutes Beobachten erkennen, welche Bedürfnisse die Kunden haben und welche Hilfe sie benötigen.

Aufgabe

1. Was erfahren Sie über das Kind?
2. Warum wird das Kind nicht sprechen wollen?
3. Bringen Sie selbst über Mimik und Gestik Ihre Bedürfnisse zum Ausdruck.

Formen der Beobachtung

Wir unterscheiden zwei Formen der Beobachtung, die Alltagsbeobachtung und die fachliche Beobachtung.

Alltagsbeobachtungen

- sind zufällig
- durch private Interessen bestimmt
- werden mehrdeutig beschrieben
- beinhalten Nebensächlichkeiten

Fachliche Beobachtungen

- sind gezielt und geplant
- durch berufliche Interessen bestimmt
- durch Fachbegriffe beschrieben
- zielen auf bestimmte Bereiche

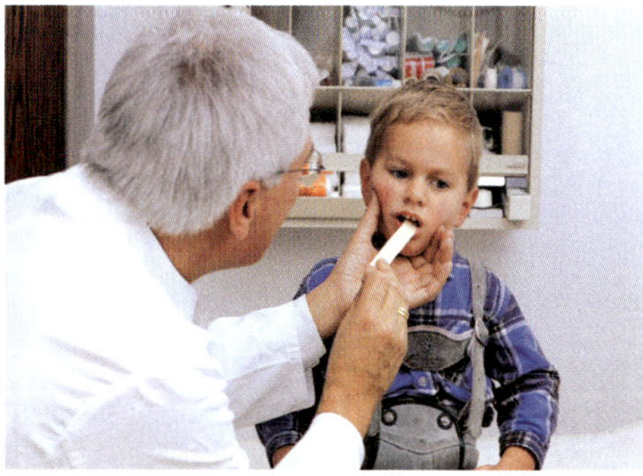

Aufgabe

Besprechen Sie anhand der Bilder die Kriterien für die zwei Formen der Beobachtung.

Ziel der fachlichen Beobachtung

Die fachliche Beobachtung hat zum Ziel, Vorgänge und Verhaltensweisen auszuwerten und daraus Maßnahmen für die Betreuung abzuleiten. Bei einem Kranken wird beispielsweise regelmäßig Fieber gemessen, bei einer Person mit Untergewicht wird ein Ernährungsprotokoll geführt und bei einer älteren Frau, die wenig trinkt, wird ein Trinkprotokoll angelegt.

Beobachtungsfehler

Beobachtungsfehler können verschiedene Ursachen haben. Sie können durch falsche Bewertung des Beobachters, durch Fehler bei den Messinstrumenten oder ungünstige äußere Bedingungen entstehen. Aus diesem Grund ist es wichtig, dass möglichst mehrere Personen an der Beobachtung beteiligt sind.

Mögliche Fehlerquellen können entstehen:

- durch die zu beobachtende Person
  - Stress: zu viele Personen müssen betreut werden, persönliche Probleme
  - Müdigkeit: wenig Nachtschlaf, viele Überstunden, weiter Arbeitsweg
  - Gefühle: Ärger mit Vorgesetzten, Ärger im Team, neue Partnerschaft, Vorurteile

- durch äußere Bedingungen
  - ungünstige Pflegebedingungen
- durch Fehler an Messinstrumenten
  - defektes Fieberthermometer
  - defektes Blutdruckmessgerät

1.5.3 Die Krankenbeobachtung als fachliche Beobachtung

Wir haben erkannt, dass man unter Beobachten bewusstes Wahrnehmen mit unseren Sinnesorganen versteht. So ist eine **Krankenbeobachtung** das Wahrnehmen der kranken Person mit all unseren Sinnen. Durch diese Beobachtung können Sie die Bedürfnisse der Kranken erkennen (Durst, Schweißausbrüche, Unruhe, Harndrang) und können danach handeln. Außerdem erkennen Sie durch Ihre Beobachtungen eine Verbesserung oder Verschlechterung des Krankheitszustandes und können dem Arzt wichtige Informationen für seine Diagnose liefern. Daher sollte auch die Krankenbeobachtung gezielt, systematisch, genau und sachlich sein. Als Betreuungsperson können Sie Aussagen über Körpertemperatur, Puls, Atmung, Nahrungs- und Flüssigkeitsaufnahme sowie Stuhlgang machen.

Körpertemperatur

Zum Ablauf aller Körperfunktionen (Atmung, Schweiß, Ausscheidungen) benötigt der Körper eine bestimmte Temperatur. Diese liegt beim gesunden Menschen zwischen 36 °C und 37 °C. Verändert sich die Temperatur, so ist dies meist ein Zeichen dafür, dass in unserem Körper etwas nicht in Ordnung ist. Auf viele Infektionen mit Bakterien oder Viren reagiert der Körper mit erhöhter Temperatur, dem Fieber. Außerdem kann Fieber bei Organerkrankungen, Verletzungen oder einem akuten Flüssigkeitsverlust auftreten. Fieber ist also ein Symptom (Anzeichen) für eine Erkrankung.

Wann sprechen wir von Fieber?

unter 36 °C	Untertemperatur
zwischen 37 °C und 38 °C	erhöhte Temperatur
über 38 °C	Fieber
über 39 °C	hohes Fieber

Wie verhalte ich mich richtig?

Als Hauswirtschaftstechnische Helferin sollten Sie regelmäßig die Körpertemperatur messen, dem Fiebernden ausreichend Flüssigkeit reichen (Mineralwasser oder ungesüßter kalter Tee) und bei hohem Fieber bis zum Eintreffen des Arztes kühlende Brust- und Wadenwickel anlegen. Fiebersenkende Medikamente dürfen Sie dem Kranken auf keinen Fall geben!

Ermitteln der Körpertemperatur:

Die Fiebermessung kann mit einem Quecksilberthermometer oder einem Digitalthermometer erfolgen.

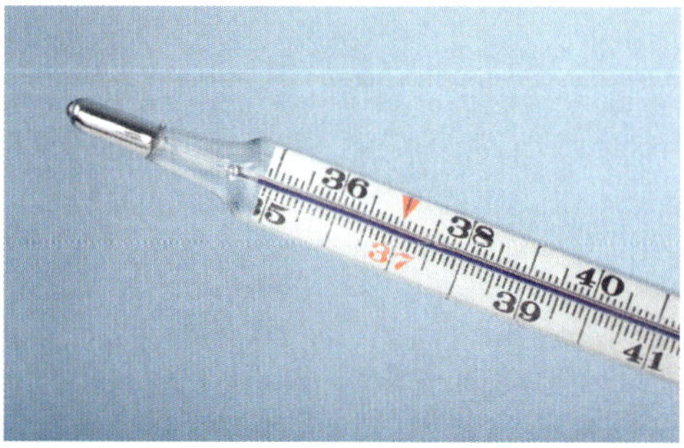

Die Messung ist beendet, wenn die Quecksilbersäule nicht mehr steigt.

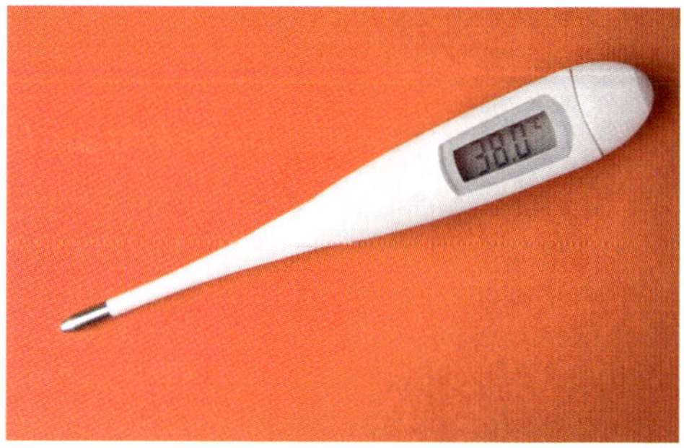

Ein Piepton zeigt das Ende der Messung an.

Wo kann mit diesen Thermometern gemessen werden?

Ort der Messung	Bezeichnung	Messdauer
Achselhöhle	axillar	8–10 Minuten
After	rektal	2–3 Minuten
Mund	oral	5 Minuten

Sind exakte Messergebnisse wichtig, sollte rektal gemessen werden. Der Kranke wird auf die Seite gelagert, das Thermometer vorsichtig eingeführt und über die gesamte Messzeit festgehalten. Es muss immer darauf geachtet werden, dass das Thermometer nie gegen einen Widerstand eingeführt wird. Da die Messzeit gering ist, eignet es sich besonders für verwirrte, unruhige Personen oder für Säuglinge.

Regeln beim Umgang mit dem Fieberthermometer:

- Auf Schäden überprüfen
- Vor der Benutzung mit kaltem Wasser abspülen
- Quecksilbersäule durch Armbewegung „herunterschlagen"
- Nach rektaler Messung desinfizieren
- In einer Schutzhülle aufbewahren

Aufgabe

1. Überlegen Sie, bei welchen Gelegenheiten Sie Fieber hatten.
2. Erkundigen Sie sich in Apotheken und Sanitätshäusern, welche weiteren Arten von Thermometern es gibt.

Puls

Der Puls gibt uns Auskunft über die **Schlagkraft des Herzens**. Er kann an verschiedenen Stellen des Körpers gemessen werden, beispielsweise an der Speichenschlagader (am Handgelenk), der Halsschlagader oder der Leistenschlagader.

Günstig ist die Messung an der Speichenschlagader. Wichtig ist, dass die Messung mit den Fingerkuppen des Ring-, Mittel- und Zeigefingers erfolgt. Tasten Sie ruhig und sorgfältig den Pulsschlag unterhalb im Handgelenk des Daumens. Mithilfe einer Uhr zählen Sie die Pulsschläge über 15 Sekunden. Die Anzahl der Schläge nehmen Sie mal vier. So erhalten Sie die Pulsfrequenz pro Minute.

Normal sind Pulswerte in Ruhe:

• Neugeborene	120–140
• Kinder	90–120
• Jugendliche	60–90
• Erwachsene	60–80
• Alte Menschen	70–90

Das Messen des Pulses

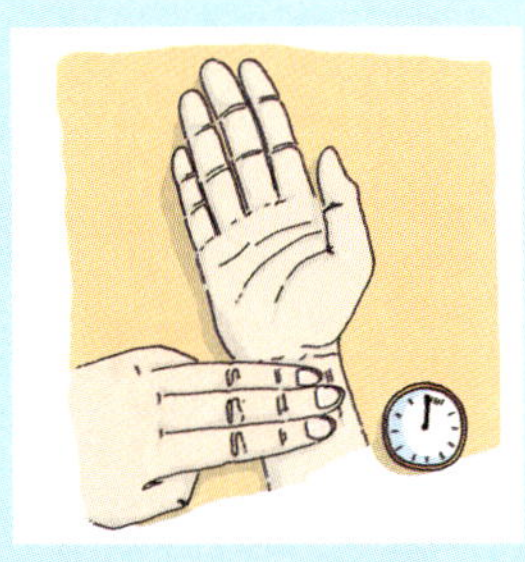

Messen am Handgelenk

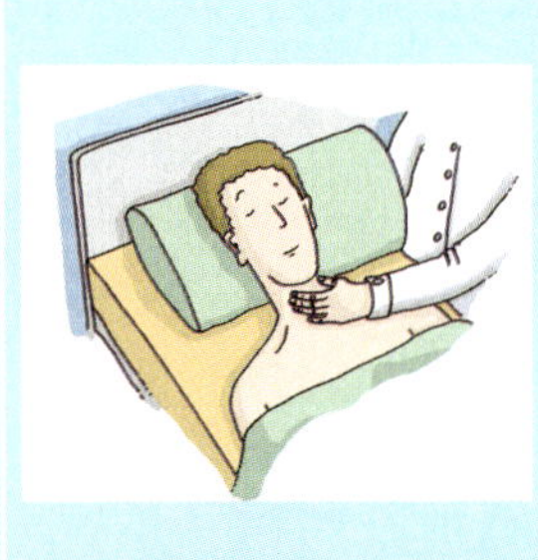

Messen an der Halsschlagader

Atmung

Durch die Atmung wird der Körper mit Sauerstoff versorgt und gleichzeitig Kohlendioxid aus dem Körper abtransportiert. Eine Störung der Atmung kann schwere Folgen für die Gesundheit des Menschen haben. Deshalb muss besonders beim Kranken auf Atemgeschwindigkeit und Atemgeräusche geachtet werden. Die Atemgeschwindigkeit ist genau wie der Puls vom Alter des Menschen abhängig.

- bei Neugeborenen 40 Atemzüge pro Minute
- bei Kindern bis zu 25 Atemzüge pro Minute
- bei Erwachsenen 16–20 Atemzüge pro Minute

Das Einatmen, Ausatmen und die Atempause bezeichnet man als einen Atemzug. Da die Atmung willkürlich beeinflusst werden kann, sollte der Atem des Kranken unauffällig beobachtet werden. Das Heben und Senken des Brustkorbes entspricht einem Atemzug.

Blutdruck

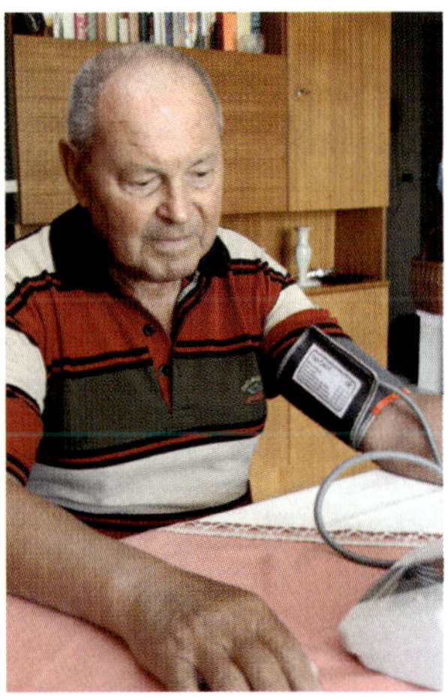

Den Druck des Blutstroms der auf die Wände der Arterien ausgeübt wird, bezeichnet man als **Blutdruck**. Dabei entstehen zwei Werte:

- der systolische (die Anspannungs- und Füllungsphase der Herzkammern)
- der diastolische (die Erschlaffung der Kammermuskulatur)
- Gemessen wird der Blutdruck in mm Quecksilbersäule (mm Hg), man verwendet auch den Begriff Torr. Ein normaler Blutdruck sollte in Ruhe 120 mm Hg systolisch und 80 mm Hg diastolisch (120/80) betragen.

Zu niedriger Blutdruck (Hypotonie) kann Schwindel und Müdigkeit auslösen, zu hoher Blutdruck (Hypertonie) kann zu gefährlichen Erkrankungen wie Schlaganfall und Herzinfarkt führen.

Aus diesem Grund ist es wichtig, dass Sie den Blutdruck richtig messen können.

Aufgabe

Informieren Sie sich über verschiedene Arten von Blutdruckmessgeräten.

Die Technik des Blutdruckmessens

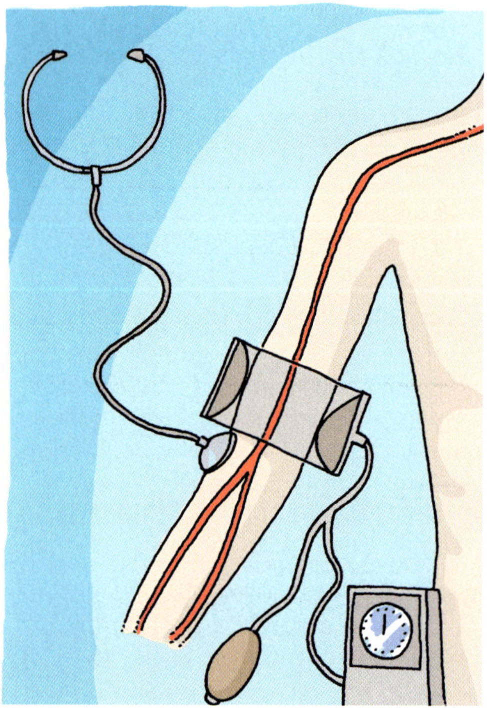

Beim Messen des Blutdrucks soll der Patient bequem und entspannt sitzen. Die Manschette wird an den entblößten Oberarm gelegt, und zwar so, dass der untere Rand der Manschette ca. 3 cm oberhalb der Ellenbeuge ist. Die Manschette soll so eng am Arm anliegen, dass gerade noch ein Finger dazwischen passt. Danach wird die Manschette mit dem Gummiball aufgepumpt, bis der Blutstrom am Unterarm unterbunden und der Puls nicht mehr fühlbar ist. Das Stethoskop wird in der Ellenbeuge angesetzt, danach wird das Ventil der Manschette ganz langsam geöffnet. Sobald der Druck in der Arterie gerade groß genug ist, um den Luftdruck der Manschette zu überwinden, hört man ein pulsierendes Geräusch. Der bei Beginn dieses Geräusches abgelesene Wert ist der **systolische Wert** (Systole = Zusammenziehung). Wird der Druck in der Manschette weiter verringert, bis das letzte Geräusch zu hören ist, erhält man den **diastolischen Wert** (Diastole = Ausdehnung).

Blutdruckprotokoll

Für den Arzt ist es wichtig, dass alle Werte notiert werden, um Schwankungen zu erkennen und Behandlungen ableiten zu können. Wichtig sind Aussagen über den Tag, die Uhrzeit und die Werte.

Aufgabe

Entwerfen Sie eine Möglichkeit für ein Blutdruckprotokoll und üben Sie das Messen des Blutdrucks.

Ess- und Trinkverhalten

Für die Aufrechterhaltung der Lebensfunktionen ist es wichtig, sich richtig zu ernähren und ausreichend zu trinken.
Unser Körper besteht zu ca. 65 % aus Wasser. Aus diesem Grund benötigen wir zum Aufbau und Erhalt der Körperfunktionen ausreichend Flüssigkeit. Oft wird zu wenig getrunken. Besonders ältere Menschen haben ein geringeres Durstempfinden oder haben durch körperliche Probleme Angst vor dem nächsten Toilettengang und trinken daher zu wenig. Deshalb ist es wichtig, das Trinkverhalten zu beobachten und zu protokollieren.

Aufgaben

1. Erarbeiten Sie mit einem Mitschüler/in eine Möglichkeit für ein Trinkprotokoll.
2. Suchen Sie über das Internet weitere Varianten für ein Trinkprotokoll.
3. Informieren Sie sich in einem Seniorenheim über dort verwendete Protokolle.

1.6 Kommunikation

Als Hauswirtschaftstechnischer Helfer oder Helferin arbeiten Sie immer mit Menschen zusammen. Ob in einer Kantine, bei Servicearbeiten in einem Hotel oder bei der Betreuung pflegebedürftiger Menschen. Stets werden Sie Kontakte aufnehmen, Informationen austauschen und die zu betreuenden Personen informieren und anleiten. Aber auch bei der Arbeit im Team ist die Aufnahme, der Austausch und die Übermittlung von Informationen zwischen zwei oder mehreren Personen von großer Bedeutung. Dies wird als **Kommunikation**, als „Mitteilen, Teilnehmen lassen, Gemeinsam machen" verstanden.
Im täglichen Leben kommunizieren Menschen im gemeinschaftlichen Handeln, indem Gedanken, Ideen, Wissen, Erkenntnisse und Erlebnisse mitgeteilt werden und auch neu entstehen. Kommuniziert wird durch die Verwendung von Sprache, Gestik, Mimik, Schrift, Bild oder der Musik.

Aufgaben

1. Findet auf diesem Foto Kommunikation statt?
2. Wie viele Personen sind beteiligt?
3. Erkennen Sie ein gemeinsames Handeln?
4. Worüber könnte kommuniziert werden?
5. Wodurch findet Kommunikation statt?

Arbeit im Küchenteam

Die Sprache ermöglicht den Ausdruck der eigenen Gedanken, Gefühle und Wünsche und das Verstehen der Gedanken, Gefühle und Wünsche der anderen Menschen. Dabei ist die Auswahl der geeigneten Worte von großer Bedeutung. Nicht immer haben Worte für alle Personen die gleiche Bedeutung. Zum Beispiel werden viele Menschen bei dem Wort „Hornhaut" zuerst an die Hornhaut an den Füßen denken. Ein Optiker wird sicher zuerst an die Hornhaut an den Augen denken. Außerdem kommunizieren Menschen nicht immer nur mit Worten über die Sprache. Immer ist Mimik und Gestik mit beteiligt. Die Redewendungen „Du musst gar nichts sagen, ich sehe es dir im Gesicht an" oder „Sie redet mit Händen und Füßen" sagen genau das aus.

Kommunikation ist	**immer verbal**	und **nonverbal.**
↓	↓	↓
Informationsaustausch	**mit Worten**	

Kommunikation findet immer zwischen zwei oder mehreren Personen statt. Eine Person sendet eine Nachricht und die andere Person empfängt die Nachricht.

Es gibt also einen Sender und einen Empfänger. Wichtig ist, dass der Sender die Nachricht so ausdrückt, dass der Empfänger sie richtig und nicht falsch versteht.

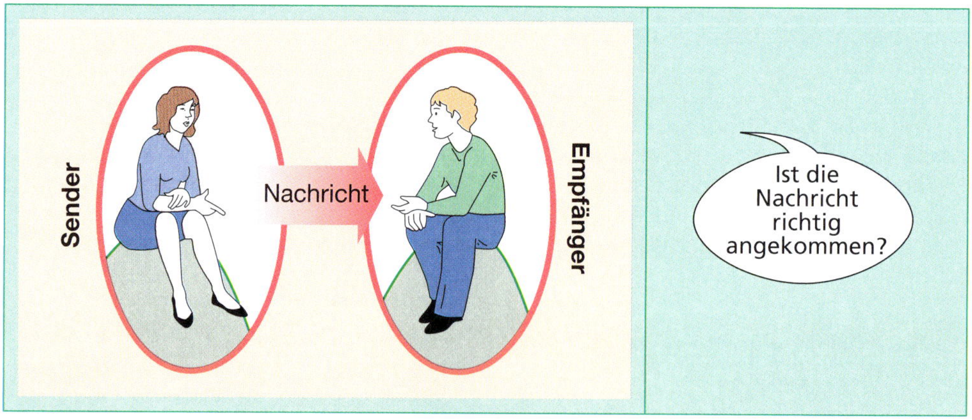

1.6.1 Hilfen für eine gute Kommunikation

Oft ist es nicht leicht, mit den zu betreuenden Personen in ein Gespräch zu kommen. Aus diesem Grund muss die Betreuungsperson signalisieren, dass sie bereit ist zuzuhören. Hierzu verwendet sie sogenannte **„kommunikative Türöffner"**. Das können z. B. sein:
- „Kann ich Sie unterstützen?"
- „Möchten Sie darüber sprechen?"
- „Hilft es Ihnen, wenn Sie darüber sprechen?"

Grundlage für ein gutes Gespräch sind **Gesprächsregeln**
- Stellen Sie offene Fragen. („Wer, wie, was, wieso, warum, wann, wo")
- Lassen Sie die andere Person ausreden.
- Gehen Sie auf den Beitrag der Person ein (passives und aktives Zuhören).
- Sprechen Sie per „ich" und nicht „man" oder „wir".
- Beachten Sie Mimik und Gestik der anderen Person.

- Achten Sie die Gefühle der anderen Person, werten Sie nicht.
- Äußern Sie die eigenen Gefühle.

Aufgabe

Besprechen Sie die Gesprächsregeln in der Gruppe und finden Sie gemeinsame Begründungen für diese Regeln.

Eine wesentliche Gesprächsregel ist das **„passive und aktive Zuhören“**.

Bedürfnisse oder Anliegen werden von betreuten Personen eher mitgeteilt, wenn sie merken, dass ihnen zugehört wird. Unterbrechungen durch Dazwischenreden bringen gerade bei Senioren oft die Gedanken durcheinander und „der Faden wird verloren“, oder es wird Ungeduld und Hektik vermittelt. Daher sollte dem Gesprächspartner vorerst nur **passive Aufmerksamkeit** bekundet werden. Um diese Aufmerksamkeit zu bekräftigen, sollte dem Gesprächspartner deutlich signalisiert werden, dass der Betreuer wirklich zuhört. Dies kann wieder verbal oder nonverbal geschehen.

Verbale Aufmerksamkeit	Nonverbale Aufmerksamkeit
„Ja“, „Hm“, „Iiih“, „Oh“	Blickkontakt
„Prima“	Kopfnicken
„Interessant“	Zuwendung
„Wirklich“	Lächeln
„Toll“	

Haben Sie die zu betreuende Person durch „kommunikative Türöffner“ und Ihre Aufmerksamkeitsbekundung zum Sprechen ermutigt, sollten Sie das Gefühl vermitteln, sie auch richtig zu verstehen. Das geschieht erst durch das **aktive Zuhören**. Die Betreuungsperson beteiligt sich jetzt aktiv am Gespräch, indem sie ihrem Gesprächspartner mitteilt, was sie verstanden hat. Dadurch werden Missverständnisse sofort ausgeräumt bzw. entstehen erst gar nicht. Satzanfänge können wie folgt beginnen:
- Sie empfinden also ...
- Sie beziehen sich dabei ...
- Habe ich Sie richtig verstanden, ...

Beim aktiven Zuhören werden Aussagen wiederholt und zusammengefasst, es werden aber keine eigenen Inhalte oder Wertungen in das Gespräch eingebracht.

Es gibt aber auch **Kommunikationssperren**, die negative Auswirkungen auf das Gespräch haben. Damit werden Gespräche im Keim erstickt. Solche negativen Signale können sein:
- Ein ständiger Blick auf die Uhr
- Körperhaltungen, die Stress signalisieren
- Ablehnender Gesichtsausdruck
- Arme verschränken (signalisiert: ich lasse nichts an mich heran)

Das wird vom Gesprächspartner dann oft so verstanden, dass ihm keine Aufmerksamkeit entgegengebracht wird oder, dass der Betreuer nicht an einem Gespräch interessiert ist. **Weitere Kommunikationssperren** können auch Befehle, Androhungen, Warnungen oder Lösungsvorgaben sein.

Aufgaben

1. Erläutern Sie die Bedeutung der „kommunikativen Türöffner"
2. Begründen Sie die Notwendigkeit des „passiven Zuhörens" in einem Gespräch.
3. Welche Bedeutung hat das „aktive Zuhören" für ein gutes Gespräch?
4. Finden Sie Beispiele für Kommunikationssperren.

Bedeutung der Ich-Botschaft

Eine weitere Gesprächsregel lautet: „Sprechen Sie per ‚ich' und nicht per ‚man' oder ‚wir'." Diese Regel ist vor allem dann wichtig, wenn eigene Bedürfnisse, Gefühle oder Meinungen zum Ausdruck gebracht werden sollen. Sind wir mit dem Verhalten anderer Personen nicht einverstanden, werden oft **„Du-" oder „Sie-"Botschaften** benutzt. Diese Äußerungen wirken herabwürdigend und greifen die andere Person an. Dabei fühlen sich die Betroffenen verletzt, ziehen sich zurück oder verteidigen sich.

Beispiel

Sender mit der Du-Botschaft		Mögliche Reaktion des Empfängers
Du hast schon wieder die Blumen nicht gegossen!	→	Wieso ich? Mach deinen Mist allein!
Sie unterstützen mich nicht bei der Arbeit!	→	Muss ich? Das ist deine Arbeit!

Eine bessere Lösung ist die **„Ich-Botschaft"**. Hierbei teilen wir dem Gesprächspartner unsere Meinungen, Gefühle und Empfindungen mit. Dabei muss der Gesprächspartner selbst eine Antwort finden. Es kommt zu keiner Bewertung durch uns, die ihn belasten könnte.

Beispiel

Sender mit der Ich-Botschaft		Mögliche Reaktion des Empfängers
Ich finde, die Grünpflanzen müssen gegossen werden.	→	Ich habe es leider vergessen!
Ich möchte Ihre Unterstützung bei der Arbeit!	→	Ich werde es mir überlegen. Warum nicht?

In einem guten Gespräch muss jeder seinen Standpunkt sagen können, ohne sich hinter dem „man", „wir" oder „alle" zu verstecken.

Du-Botschaft

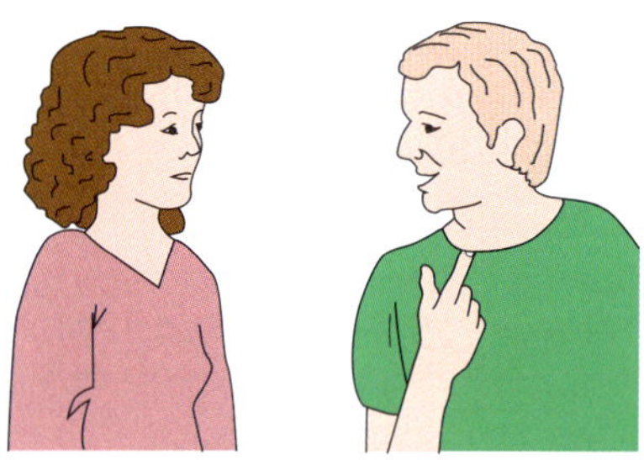

Ich-Botschaft

1.6.2 *Kommunikation bei Konflikten*

Nicht jede Kommunikation verläuft reibungslos. Manchmal entstehen Konflikte oder Unstimmigkeiten, die zum Streit ausarten können. Um das zu vermeiden, muss schon beim Entstehen von Konflikten angemessen reagiert werden.
Oft hilft es schon, an Stellen, an denen ich einen Konflikt vermute, das Gespräch freundlich zu unterbrechen und dem Gesprächspartner das eigene Gefühl mitzuteilen. Dabei sind wieder die **„Ich-Botschaften"** hilfreich.

Beispiel

- „**Ich** habe das Gefühl, dass **ich** mich nicht klar ausgedrückt habe!"
- „**Ich** möchte darüber nochmal sprechen!"
- „**Ich** fände es schade, wenn wir uns streiten!"

Ganz wichtig ist es, den Gesprächspartner nicht anzuklagen oder ihm bestimmte Dinge vorzuwerfen. Das wären dann die oben beschriebenen **„Du-Botschaften"**, durch die Konflikte erst entstehen oder verstärkt werden können.

Kommt es zu Konflikten im Arbeits- oder Ausbildungsteam, gibt es die Möglichkeit des **Blitzlichts**. Bei der Blitzlicht-Methode erhält jeder Beteiligte die Möglichkeit, etwas zu sagen. Es ist eine Momentaufnahme darüber:

- wie ich mich gerade fühle
- wie zufrieden ich mit der Arbeit bin
- wie ich die Zusammenarbeit im Team erlebe
- was mich sonst noch bewegt, usw.

Dabei müssen sich alle Beteiligten an **Regeln** halten.
- Jeder kann sich äußern, keiner muss sich äußern.
- Die Aussagen sind kurz und als „Ich-Botschaft" verfasst.
- Die Beiträge werden sich nur angehört.
- Es spricht nur eine Person, während die anderen zuhören.

Exkurs: Lebensabschnitte

Die Lebenserwartung von Menschen in Deutschland beträgt bei Männern ca. 75 Jahre und bei Frauen etwa 82,5 Jahre. Jedes Leben verläuft unterschiedlich, aber es setzt sich immer aus den Abschnitten Kindheit und Jugend, Erwachsenenalter und dem Leben im Alter zusammen.

Aufgabe

Schreiben Sie in Stichpunkten auf, wie Sie sich den Verlauf Ihres Lebens vorstellen. Tragen Sie die Ergebnisse in der Klasse vor.

2 Schwangerschaft und Geburt

2.1 Reif für ein Baby?

Vor einer Schwangerschaft sollte den Menschen klar sein, was die Geburt eines Kindes mit sich bringt. Wichtige Voraussetzungen sind die geistige, seelische und körperliche Reife der zukünftigen Mutter bzw. der Eltern. Ein Kind braucht nicht nur materielle Unterstützung, wie Kleidung, Nahrung, Wohnraum usw., sondern gleichermaßen Liebe, Geborgenheit, Sicherheit und ein stabiles Umfeld.
Mit der Schwangerschaft beginnt die Verantwortung für das zukünftige Leben eines neuen Menschen, die über Jahre bis zur Volljährigkeit und meist darüber hinaus reicht.

2.2 Ein neues Leben entsteht

2.2.1 Die Befruchtung

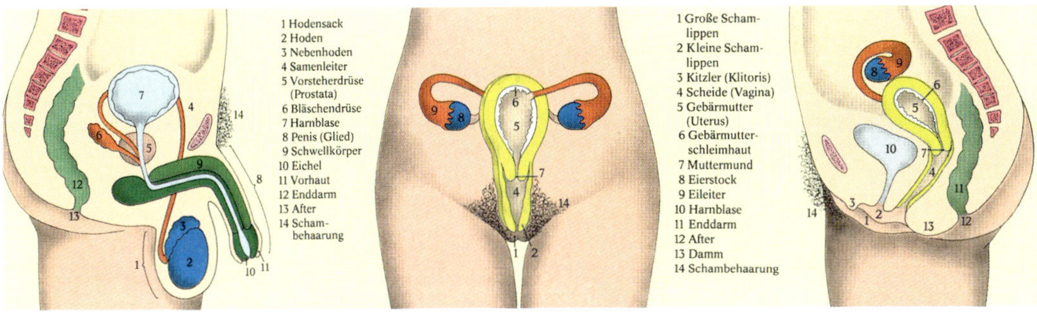

Weibliche und männliche innere Geschlechtsorgane mit Bezeichnung

Beim Geschlechtsverkehr dringt das steife Glied in die Scheide ein. Durch den Samenerguss (Ejakulation) werden Millionen Spermien in die Gebärmutter (Uterus) abgegeben. Diese wandern bis in den Eileiter. Treffen die Spermien auf eine Eizelle, beginnen sie damit, die Zellwand zu durchdringen. Nur einem einzigen Spermium – dem schnellsten und stärksten – gelingt es, mit dem Kopf in die Eizelle zu kommen. Während der Rest außen abfällt, verschmelzen die beiden Zellkerne mit den Erbinformationen beider Partner. In diesem Moment sind Geschlecht, Aussehen, Augen-, Haarfarbe, Wesensmerkmale usw. für den neuen Menschen unwiderruflich festgelegt.

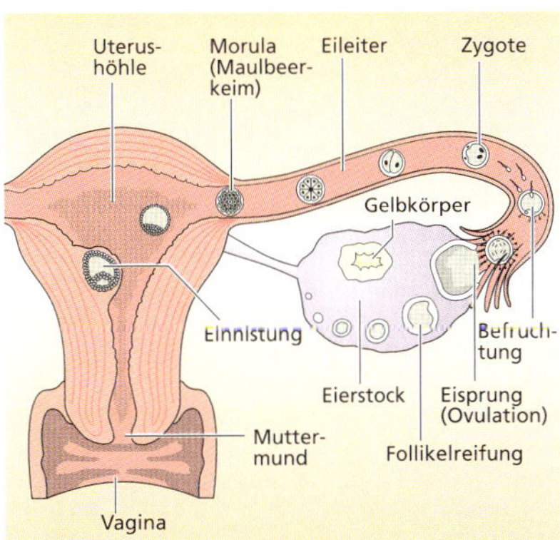

Die Zellen teilen sich von nun an und bilden eine Morula, den sogenannten Maulbelkeim. Die Eizelle wandert weiter bis in die Gebärmutter, wo sie sich in die Schleimhaut einnistet. An dieser Stelle wird auch der Mutterkuchen (Plazenta) gebildet, der das neue Leben fortan mit Nährstoffen versorgt. Die Lebensreise kann beginnen.

Aufgabe

Erklären Sie anhand der Abbildung den Vorgang der Befruchtung der menschlichen Eizelle.

2.2.2 Die Entwicklung des Kindes im Mutterleib

In den ersten 12 Wochen einer Schwangerschaft wird das Ungeborene Embryo genannt, danach heißt es bis zur Geburt Fötus.

Der Embryo ist durch die Nabelschnur mit der Gebärmutter, bzw. der Plazenta verbunden. Alle Nährstoffe und Sauerstoff gelangen so von der Mutter bis zum Kind, Stoffwechselprodukte werden wiederum abtransportiert. Um den Embryo herum hat sich die Fruchtblase mit Fruchtwasser gefüllt. Bis zur Geburt wird das Kind so vor Verletzungen geschützt. Im Folgenden werden verschiedene Entwicklungsschritte des ungeborenen Kindes dargestellt.

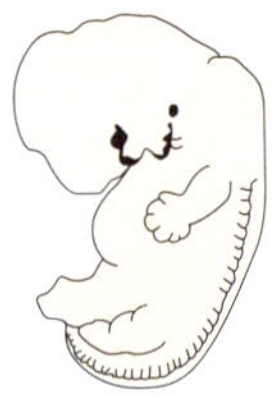

Embryo im 2. Monat, Der Kopf ist erkennbar, Arme, Finger, Beine und Zehen bilden sich aus. Er ist ca. 2,5 cm groß und 2 g schwer.

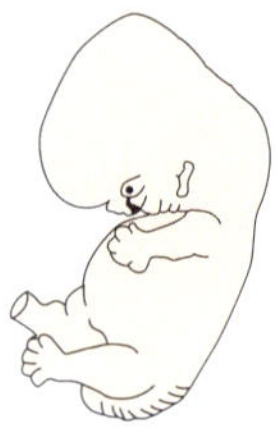

Embryo im 3. Monat. Ohren und Augenlider haben sich gebildet. Finger- und Fußnägel sind ebenfalls vorhanden. Wichtige innere Organe und die Zahnknospen sind entwickelt. Die Größe beträgt ca. 7,5 cm, das Gewicht liegt bei ca. 18 g.

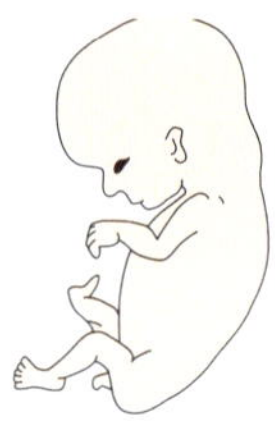

Fötus im 4. Monat. Der Fötus kann sich heftig bewegen, noch spürt die Mutter das jedoch nicht. Die äußeren Geschlechtsorgane sind sichtbar geworden. Den Körper bedeckt ein weicher Flaum. Der Fötus hat jetzt eine Länge von etwa 16 cm und wiegt 140 g.

Fötus im 9. Monat. Das Ungeborene ist jetzt auf die Geburt und das Leben vorbereitet. Eine weiße, schmierige Masse bedeckt den Körper, die sog. Käseschmiere. Das Kind gelangt damit leichter durch den Geburtskanal. Bewegungen sind nicht zu spüren. Das Kind hat sich mit dem Kopf nach unten gedreht. Die Größe des Kindes liegt bei ca. 50 cm und es wiegt etwa 3400 g.

2.3 Die Schwangerschaft

Es gibt verschiedene Anzeichen für eine Schwangerschaft, die Monatsblutung bleibt aus, die Brüste schmerzen, Spannungsgefühl im Unterleib, morgendliche Übelkeit usw.

Dies sind aber unsichere Anzeichen, denn sie können auch andere Faktoren, wie z. B. Stress oder eine Erkrankung als Ursache haben. Eine Schwangerschaft richtig feststellen kann ein Frauenarzt.

Nach Feststellung der Schwangerschaft erhält die werdende Mutter den Mutterpass und eine Bescheinigung für den Arbeitgeber, denn die Frau hat das Recht auf Mutterschutz, später dann auch auf Elternzeit.
In der Schwangerschaft gibt es Vorsorgeuntersuchungen, die unbedingt wahrgenommen werden sollten.

Vom Arzt werden kontrolliert:
- das Gewicht der Mutter (die Zunahme sollte bei gesunden Schwangeren nicht über 11,5 bis 16 kg liegen)
- Hände und Beine auf Schwellungen und Krampfadern
- der Urin (gibt Auskunft über Zucker- und Eiweißwerte und Nierenfunktion)
- der Blutdruck und die Blutwerte
- die Größe der Gebärmutter
- die Herztöne des Ungeborenen
- die Entwicklung des Ungeborenen mittels Ultraschall

Die zukünftige Mutter trägt eine große Verantwortung. Wichtig ist während der Schwangerschaft eine gesunde Lebensweise mit ausgewogener Ernährung, Bewegung, aber auch Ruhe, kein Rauchen, kein Alkohol oder Drogen. Diese Faktoren haben erheblichen Einfluss auf die Entwicklung und Gesundheit des ungeborenen Kindes.

Aufgabe

Wiederholen Sie die Grundlagen einer gesunden Ernährung und stellen Sie einen Ernährungsplan für eine Schwangere für drei Tage auf.

So nicht! Schwangere mit Alkohol und Drogen.

Während der Schwangerschaft verändert sich der Körper der Frau erheblich. In den ersten drei Monaten werden die Brüste empfindlich und schwellen an, der Harndrang verstärkt sich, ebenso der Scheidenausfluss. Aufgrund der Umstellung des Körpers kommt es öfter zu Übelkeit oder Erbrechen.

In den folgenden drei Monaten muss das Herz nun ca. 1 Liter Blut mehr pumpen, auch die Herzfrequenz ist gestiegen. Die Schwangerschaft ist deutlich zu sehen, denn der Bauchumfang nimmt zu.

In den letzten drei Monaten tritt vermehrt Harndrang auf, da die Gebärmutter auf die Blase drückt, aber auch häufig Kurzatmigkeit, Rückenschmerzen, Sodbrennen und Müdigkeit. Manchmal sind schon leichte Kontraktionen zu verspüren.

> Um sich optimal auf die Geburt vorzubereiten, können Geburtsvorbereitungskurse besucht werden.

2.3.1 Die Geburt

Die Geburt wird in drei Phasen unterteilt:
- Eröffnungsphase
- Austreibungsphase
- Nachgeburtsphase

Die **Eröffnungsphase** dauert am längsten, bei Erstgebärenden können das 8 bis 12 Stunden sein. Spürbar wird der Beginn durch Ziehen im Oberbauch oder Rücken. Das Ziehen wird stärker und wiederholt sich – dies sind die Wehen. Sie drücken das Ungeborene immer tiefer in das Becken. Der Muttermund beginnt sich zu öffnen.

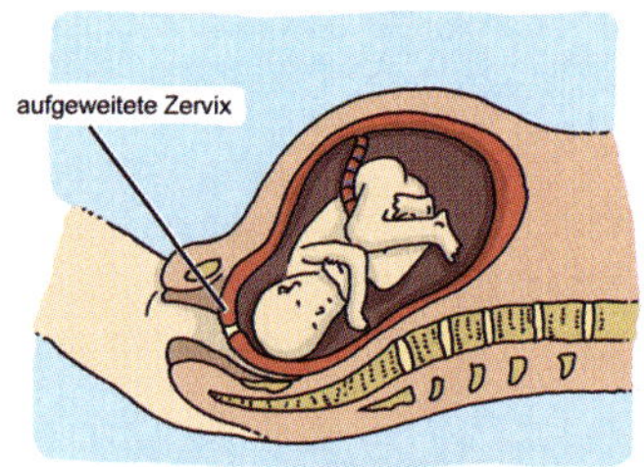

Ist dieser ca. 11 cm geweitet, beginnt die **Austreibungsphase**. Die Wehen, die jetzt sehr kurz hintereinander kommen, sind sehr stark geworden und pressen das Kind durch den Geburtskanal, daher werden sie Presswehen genannt. Die Fruchtblase platzt auf und das Fruchtwasser läuft ab.
Im Normalfall kommt das Baby mit dem Kopf zuerst auf die Welt. Das Kind passiert den Geburtskanal.

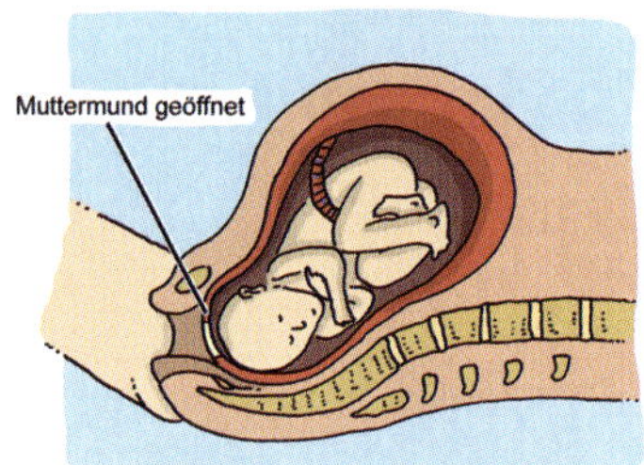

Die Hebamme unterstützt die Gebärende, indem sie Anweisungen zum Pressen gibt, den Damm stützt, damit er nicht einreißt. Sie hält das Köpfchen des Kindes, bis es ganz aus dem Körper der Mutter herauskommt. Das Kind ist geboren.
Meist löst sich der erste Schrei von selbst und die Lungen entfalten sich. Die Hebamme saugt notfalls aus dem Mund und der Nase mit einem Sauger Flüssigkeit und Schleim ab.

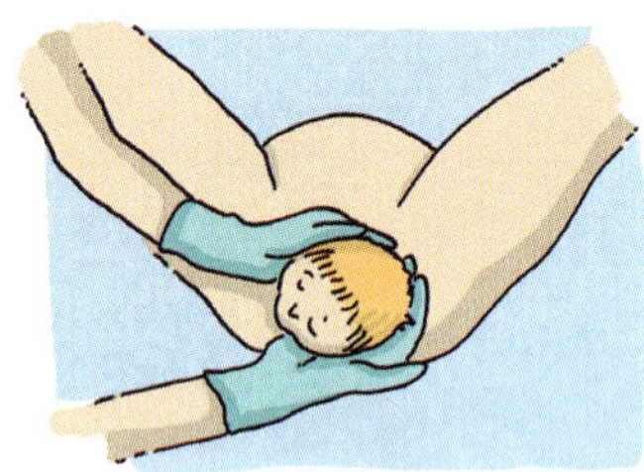

Die Nabelschnur wird abgeklemmt und durchtrennt. Das Neugeborene trägt die Klemme mit dem Nabelschnurrest bis dieser vollkommen vertrocknet und nach wenigen Tagen abfällt, zurück bleibt der Nabel.

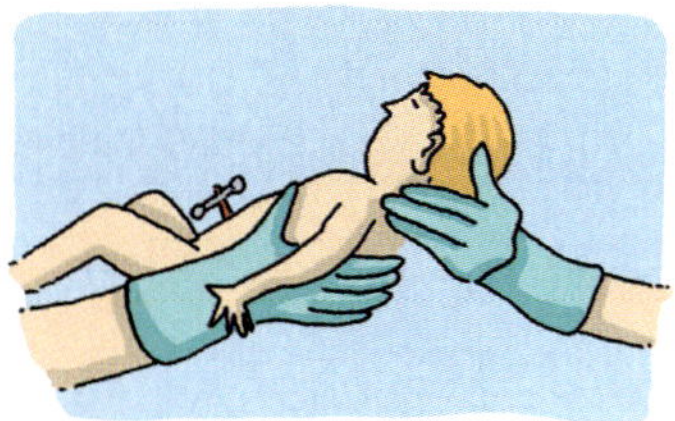

In der **Nachgeburtsphase** zieht sich die Gebärmutter zusammen und stößt die Plazenta ab, da diese nun nicht mehr zur Versorgung des Kindes gebraucht wird. Die Geburt ist vollendet.

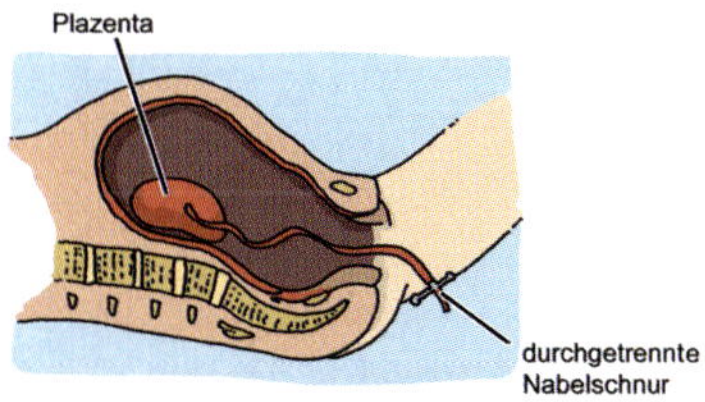

Die Herztöne des Kindes und der Zustand der Mutter können durch Messgeräte überwacht werden, die am Bauch der Mutter und an einem Finger angebracht sind.

Die Gebärmutter zieht sich in den folgenden Tagen weiter zusammen, bis sie ihre ursprüngliche Größe erreicht hat. Die Frau spürt dies durch Ziehen im Unterleib, den sogenannten Nachwehen. Der Rückbildungsprozess kann durch gezielte Rückbildungsgymnastik unterstützt werden.

Die Geburt erleichtern können die richtigen Atemtechniken, aber auch ein liebevoller Partner, der während der Geburt zur Seite steht.

Medizinisch hilfreich können homöopathische Globuli (Kügelchen) sein, die entspannend wirken.

Eine Periduralanästhesie, d. h. eine lokale Narkose, die zwischen zwei Rückenwirbel im Lendenbereich gespritzt wird, macht den Unterleib schmerzunempfindlich. Über diese Methode und eventuelle Risiken kann der zuständige Arzt aufklären. Bei einem Kaiserschnitt werden die Bauchdecke und die Gebärmutter aufgeschnitten und das Baby so auf die Welt geholt. Dieser Eingriff erfolgt nur bei Komplikationen oder Risiken für Mutter oder Kind.

Die meisten Ärzte lehnen einen Kaiserschnitt ohne medizinische Notwendigkeit (z. B.: zum Wunschtermin) ab.

3 Das Baby ist geboren

Durch die Geburt eines Kindes ändert sich viel im alltäglichen Ablauf des Familienlebens. Auch Familienbeziehungen formen sich neu: aus Paaren werden Eltern, aus Kindern werden Geschwister und aus Eltern werden Großeltern.
Es braucht eine gewisse Zeit, bis alles der neuen Situation angepasst sein wird.

3.1 Die Bedürfnisse des Säuglings

Die Bedürfnisse des Säuglings entsprechen den Grundbedürfnissen aller Menschen. Er benötigt Nahrung, Kleidung und ein Zuhause. Für die Entwicklung des Kindes ist nicht nur eine gute Pflege notwendig, sondern auch das Gefühl der Geborgenheit, der Wärme und der Sicherheit. Die Aufmerksamkeit und das Einfühlungsvermögen der betreuenden Personen erfährt das Neugeborene durch Zärtlichkeit, Streicheln sowie Sprechen und Singen.

Nahrung		**Geborgenheit**
Kleidung		**Wärme**
Zuhause		**Sicherheit**
Pflege		**Aufmerksamkeit**

Die Personen, die sehr häufig und regelmäßig das Kind betreuen, werden zu Bezugspersonen. Dabei ist es nicht wichtig, ob diese Familienmitglieder sind oder nur zur Betreuung angestellt sind. Jedoch ist ein ständiger Wechsel von betreuenden Personen nicht positiv für die Entwicklung des Kindes.

3.2 Die Verantwortung für die Gesundheit des Säuglings

Diese Verantwortung setzt sich aus drei wesentlichen Teilen zusammen: eine gesunde Ernährung, eine gute Pflege und Hygiene sowie regelmäßige Vorsorgeuntersuchungen.

Die Ernährung

Jede Mutter kann selbst entscheiden, ob das Neugeborene gestillt wird oder ob es von Anfang an Flaschennahrung erhält. Die Vorteile der Muttermilch sind die optimale Zusammensetzung aus den richtigen Anteilen an Kohlenhydraten, Fett, Eiweiß, Vitaminen, Mineralstoffen und die darin enthaltenen Abwehrstoffe gegen Infektionskrankheiten. Die Milch entspricht immer genau den Bedürfnissen des Säuglings und ändert sich deshalb mit zunehmendem Alter des Babys.

Gestillte Kinder leiden weniger an Durchfallerkrankungen oder an Allergien, auch wird der Überernährung und als Folge davon Übergewicht vorgebeugt. Es ist in der Vorbereitung weniger zeitaufwendig, die Nahrung jederzeit verfügbar.

Das Stillen vertieft außerdem die Beziehung zwischen Mutter und Kind. Deshalb ist eine ruhige Umgebung, eine angenehme Position (z. B. liegend oder sitzend) sehr entspannend und erholsam für beide.

Während der Stillzeit muss die Mutter auf eine ausgewogene und vielseitige Ernährung achten. Eine Stillende braucht am Tag ca. 2 700 kJ zusätzlich an Energie. Sie hat außerdem einen Mehrbedarf an Eiweiß, Vitaminen und Mineralstoffen.

Die Regeln lauten wie in der Schwangerschaft: Meiden von anregenden Getränken (z. B. Tee, Kaffee), Alkohol, Rauchen und Drogenkonsum. Lebensmittel, die Blähungen hervorrufen, wie Kohl oder Hülsenfrüchte, sind ebenfalls zu meiden, da das Kind alle Wirkstoffe über die Milch aufnimmt.

Eine Diät darf nicht durchgeführt werden, damit in Fettpolstern eingelagerte Schadstoffe nicht in die Muttermilch gelangen.

Aufgaben

1. Erkundigen Sie sich bei einer Hebamme oder Kinderschwester über verschiedene Stillmöglichkeiten sowie die Pflege der Brust während der Stillzeit.
2. Probieren Sie selbst verschiedene Haltungen aus, z. B. mit Stillkissen, und entscheiden Sie, welche für Sie die bequemste ist.

Wird das Baby mit fertiger Säuglingsmilch ernährt, muss diese dem Alter des Kindes entsprechen. Im Handel werden Anfangsnahrung- und Folgemilchprodukte angeboten. Es ist ratsam, bei einer Produktreihe zu bleiben.
Vor der Mahlzeit muss geprüft werden, ob die Temperatur der Milch stimmt.

Beim Füttern liegt das Kind auf dem Arm. Der Sauger muss immer mit Milch gefüllt sein und darf keine Luft enthalten. Das Loch muss nach oben zeigen.

Alle Gegenstände die zur Milchzubereitung und Fütterung benötigt werden, müssen hygienisch sauber gereinigt werden, z. B. durch Auskochen oder Kaltsterilisieren.

Nach jeder Mahlzeit wird das Baby vorsichtig auf die Brust gelegt, sodass der Kopf auf der Schulter liegt. Durch sanftes Streicheln oder Klopfen des Rückens kann das Kind eventuell geschluckte Luft ausstoßen.

Dauernuckeln von Milch oder gesüßten Teegetränken wirkt sich schlecht auf die Zahnentwicklung des Kindes aus.

> **Der Übergang vom Stillen zur Flaschennahrung oder den festen Mahlzeiten darf nur langsam und mit jeweils geringen Mengen der neuen Nahrung beginnen.**

Ab etwa dem 4. Lebensmonat wird damit begonnen, dem Kind auch andere Nahrung als Milch zu füttern. Die Nahrung muss halbflüssig, püriert, ungewürzt und ohne Klumpen sein. Geeignet sind Breie aus Karotten, Kartoffeln oder Äpfeln. Zwischen dem 6. und 8. Monat werden sehr klein geschnittene oder zerdrückte Mahlzeiten gereicht. Fingerspeisen aus Käse, Banane oder Weißbrot darf das Kind bereits essen. Ab dem 8. Monat werden die Mahlzeiten in kleine, mundgerechte Stücke geschnitten. Fingerspeisen können aus Obst- und Gemüsestücken bestehen wie z. B. Äpfel, Pfirsiche und Karotten.

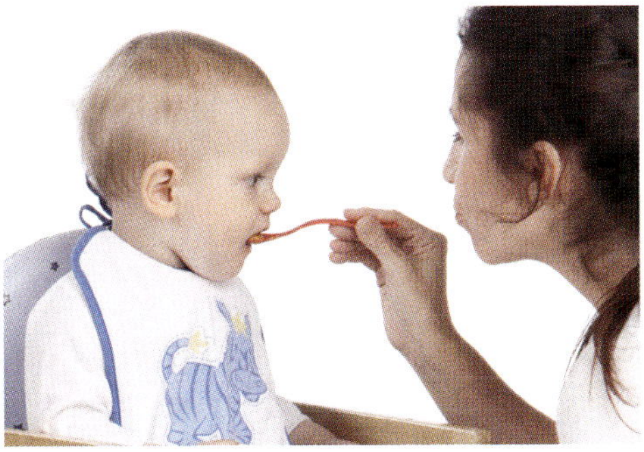

In dieser Zeit wird damit begonnen, das selbstständige Essen des Kindes zu fördern. Am Ende des ersten Lebensjahres wird das Kind fast alles essen, wie es in der Familie üblich ist. Trotzdem sind stark gewürzte, salzige, zuckerhaltige und fettreiche Speisen zu vermeiden.

Aufgaben

1. Erkundigen Sie sich, welche Nahrungsmittel für die Ernährung ab dem 4. Monat, 6. bis 8. Monat und vom 9. bis 12. Monat geeignet sind. Erstellen Sie eine Liste industriell gefertigter Mahlzeiten für die oben genannten Zeiträume.
2. Entwickeln Sie eigene Vorschläge für gesunde Menüs.
3. Schneiden Sie Fingerspeisen in ansprechende Formen.

Die Pflege und Hygiene

Beim Hochnehmen und Hinlegen ist es wichtig, dass eine Hand das Gesäß und den Rücken stützt, die andere Hand muss den Hals und das Köpfchen halten.

Das Wechseln der Windel

Das Baby sollte immer gewickelt werden, wenn es nass ist, auch nachts. Dadurch wird das Entstehen eines Windelausschlages vermieden. Günstig ist die Zeit nach den Mahlzeiten.

Für das Wickeln werden folgende Utensilien gebraucht:
- Wickelmatte
- Baby-Reinigungstücher
- Creme oder Puder
- Babyöl
- Stoffwindel oder Wegwerfwindel

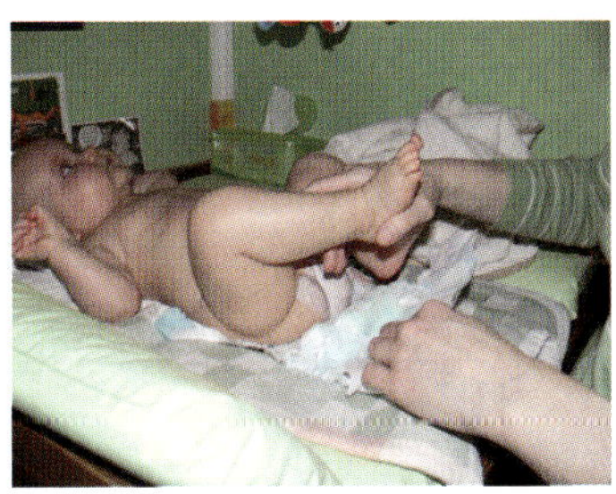

Die verschmutzte Windel wird abgenommen. Mit dem Reinigungstuch – bei starken Verschmutzungen mit etwas Babyöl – wird das Kind von vorn nach hinten in Richtung Gesäß gründlich gereinigt. Bei Mädchen können sonst Scheideninfektionen entstehen.

Dann wird das Kind entweder eingecremt oder gepudert. Werden beide Pflegemittel zugleich verwendet, bilden sich in der Windel Krümel, die ebenfalls das Wundliegen begünstigen.

Die neue Windel wird untergelegt, dabei umfasst eine Hand die Innenseite eines Oberschenkels und hebt das Gesäß leicht an. Das Baby darf nicht an den Fußgelenken angehoben werden, denn es ist eine unsichere Haltung und nicht förderlich für die Gelenke.

Die Windel wird so geschlossen, dass an der Hüfte noch ein Finger hineinpasst, dann ist es nicht zu eng.
Wichtig ist es, das Kind niemals aus den Augen zu lassen, denn mit zunehmender Mobilität kann es leicht vom Wickeltisch oder der Wickelkommode fallen.
Stoffwindeln müssen desinfiziert und bei hohen Temperaturen ausgewaschen werden.

> Damit sich der Oberschenkelknochen richtig in die Hüftgelenkpfanne einpasst, ist es notwendig, dass das Kind breitgewickelt wird. Dies erreicht man, indem die Windel breit gefaltet und eine zusätzliche Einlage mit eingelegt wird.

Das Baden

Das Kind muss nicht täglich gebadet werden, damit die Haut nicht zu sehr austrocknet. Das Baden sollte jedoch möglichst niemals unmittelbar nach einer Mahlzeit erfolgen. Die Tageszeit ist dabei nebensächlich.

Bereitgestellt werden:
- Babywanne
- Badethermometer
- Babypflegebad oder Babyseife
- Angewärmtes Badetuch
- Zwei Waschlappen
- Ausstattung zum Windelwechseln
- Wechselwäsche

Die Temperatur des Wassers sollte 36 °C bis 37 °C betragen, der Raum muss entsprechend warm sein. Der Badezusatz wird nur sehr sparsam verwendet.

Das Baby wird entkleidet und vorsichtig in die Wanne gehoben. Der Kopf des Kindes wird durch das Handgelenk gestützt. Die Hand hält den gegenüberliegenden Oberarm in Nähe der Achselhöhle fest. Mit der anderen Hand wird der Säugling gewaschen.

Zuerst wird das Gesicht gesäubert, wobei die Augen von außen nach innen zu reinigen sind. Beim Kopfwaschen sollte das Wasser nur über den Hinterkopf ablaufen. Danach wird der Rest des Körpers gereinigt. Mit dem zweiten Waschlappen werden die Genitalien und ganz am Ende der Po gewaschen. Die Regel von „vorn nach hinten reinigen" gilt auch beim Baden, um Infektionen zu vermeiden.

Die Badedauer beträgt am Anfang nur wenige Minuten. Das Kind muss danach gründlich abgetrocknet werden, besonders zwischen den Fingern, Zehen und in den Hautfalten, da sonst Pilzerkrankungen auftreten können. Dann wird das Baby gewindelt und frisch angezogen.

> Ohren und Nase dürfen innen nicht gereinigt werden. Verkrustungen, z. B. durch Schnupfen, werden nur äußerlich und mit einem Öltuch entfernt.

Aufgabe

Üben Sie anhand einer Modellpuppe das Windeln und Baden eines Babys.

Die Pflege der Haare und Nägel

Für das Kämmen wird eine weiche Babybürste verwendet. Später kann ein Kamm mit abgerundeten Zähnen verwendet werden.

Die Nägel müssen mit einer Babynagelschere gekürzt werden, da diese abgerundet ist. Scharfe Kanten dürfen dabei nicht entstehen, da sich das Kind sonst ebenso wie mit zu langen Nägeln die Haut zerkratzt.

Die Vorsorgeuntersuchungen und Impfungen

Es werden insgesamt neun Untersuchungen durchgeführt. Diese erstrecken sich zwischen dem ersten Tag und dem 64. Lebensmonat, also dem 6. Lebensjahr.

Unmittelbar nach der Geburt erfolgt die erste Untersuchung (die sog. U1) durch einen Kinderarzt. Festgestellt werden z. B. Größe und Gewicht des Neugeborenen, aber auch noch weitere Werte. Diese Informationen werden in das Untersuchungsheft eingetragen. Das Heft ist bei jeder weiteren Vorsorgeuntersuchung dem Kinderarzt vorzulegen.

Die folgende Übersicht zeigt die Zeiträume der Untersuchungen

U 1	am Tag der Geburt
U 2	3. – 10. Lebenstag
U 3	4. – 6. Lebenswoche
U 4	3. – 4. Lebensmonat
U 5	6. – 7. Lebensmonat
U 6	10. – 12. Lebensmonat
U 7	21. – 24. Lebensmonat
U 8	43. – 48. Lebensmonat
U 9	60. – 64. Lebensmonat

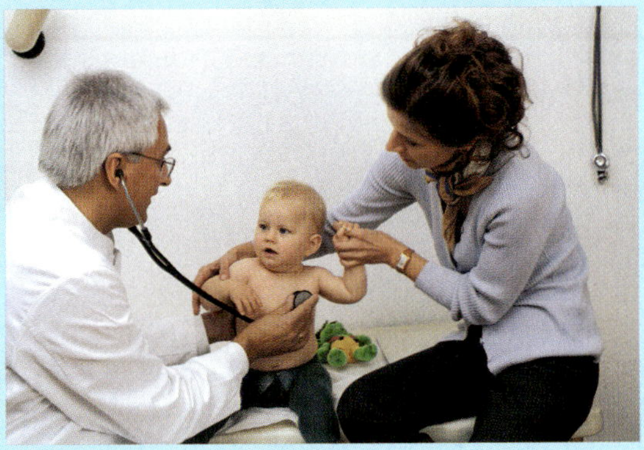

Die Vorsorgeuntersuchungen sollten unbedingt wahrgenommen werden, da so eventuelle Entwicklungsstörungen oder Erkrankungen beim Kind frühzeitig festgestellt und rechtzeitig behandelt werden können.

Aufgabe

Erkundigen Sie sich im Internet über die verschiedenen Vorsorgeuntersuchungen von kleinen Kindern. Erarbeiten Sie in Gruppen- oder Partnerarbeit eine Übersicht darüber, was bei den einzelnen Untersuchungen kontrolliert wird.

Impfungen dienen zur Immunisierung gegen verschiedene Krankheiten, wie z. B. Kinderlähmung, Tetanus oder Diphtherie. Obwohl häufig als Kinderkrankheiten (vgl. Kap 4.2) bezeichnet, sind diese Erkrankungen keineswegs harmlos. Im Gegenteil können sie auch im Erwachsenenalter einen schweren Verlauf nehmen.

Auf zwei Wegen kann eine Immunität (erworbene Unempfindlichkeit für Krankheitserreger oder deren Gifte) erreicht werden. Auf natürliche Art durchlebt der Mensch eine

Krankheit und bildet ausreichend Antikörper (Antikörper) oder er erhält eine Schutzimpfung.

Formen der Schutzimpfungen

Passive Schutzimpfung	**Aktive Schutzimpfung**
– Es wird ein Serum gespritzt, das aus Antikörpern von Tieren gewonnen wird	– Es werden abgeschwächte Erreger geimpft – Der Körper bildet jetzt selbst Antikörper
– Impfung hält nicht lange an, Mehrfachimpfungen sind erforderlich – Es kann zu Überempfindlichkeitsreaktionen kommen	– Länger anhaltender Impfschutz – Impfung kann wiederholt werden

Durch die Entwicklung solcher Impfstoffe konnten in den letzten Jahrzehnten viele Erkrankungen in Europa nahezu ausgerottet werden.

Kinderärzte geben darüber Auskunft, wann die entsprechenden Impfungen erfolgen können, da manche nach einem bestimmten Zeitraum wieder aufgefrischt werden müssen.

In Deutschland besteht keine Impfpflicht, dennoch rät die Mehrheit der Kinderärzte dazu, Kinder impfen zu lassen, sonst – so wird befürchtet – verbreiten sich die Krankheiten erneut. Eltern sollten sich daher ausführlich beraten lassen.

Alle vorgenommenen Impfungen werden in einen Impfausweis eingetragen. Dieser sollte auch über die Kindheit hinaus gut aufbewahrt werden, da auch Erwachsene Auffrischungsimpfungen erhalten (z. B. Tetanusschutz alle 10 Jahre; Grippeimpfung jährlich)

Aufgabe

Informieren Sie sich über folgende Krankheiten und mögliche Folgen für die Gesundheit: Tetanus, Diphtherie, Keuchhusten, Masern, Mumps, Röteln.

3.3 Durch intensive Betreuung zum aktiven Kleinkind

In seinem ersten Lebensjahr erlernt der Mensch viele grundlegende Dinge, die er für den Rest seines gesamten Lebens gebrauchen wird, z. B. sitzen, krabbeln, stehen, laufen, spielen, lächeln und lachen, in die Hände klatschen, gezielt zugreifen und etwas nehmen usw.

Das Hören ist der erste entwickelte Sinn des Menschen. Ab dem Tag der Geburt können Kinder auch sehen. Sie haben einen Greifreflex und einen Suchreflex. Legt man z. B. einen Finger in die Hand des Neugeborenen, so umfasst es ihn automatisch. Streicht man mit dem Finger über einen Mundwinkel so dreht das Baby den Kopf in diese Richtung. Nach wenigen Monaten sind diese Reflexe aber verschwunden.

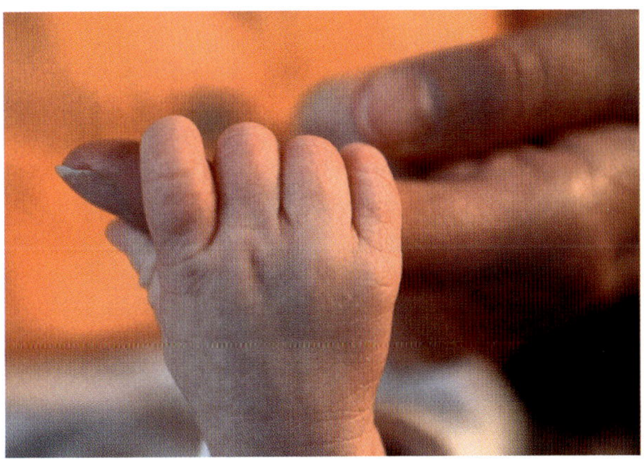

Die Entwicklung zum aktiven Kleinkind beginnt mit dem ersten Monat. Die meiste Zeit schläft der Säugling, jedoch kann er Gesichter intensiv beobachten, am besten im Abstand von 20 cm–30 cm. Es ist gut, das Kind in dieser Entfernung vor dem Gesicht zu halten, dabei das Köpfchen und den Rücken zu stützen (vgl. Lb., S. 39). Das Lächeln geschieht meistens im Schlaf, also noch unbewusst.

Man sollte mit dem Kind ruhig und freundlich sprechen oder ihm auch Lieder vorsingen. An seinem Bettchen kann ein buntes Mobile befestigt werden oder eine Spieluhr, die vor dem Schlafen aufgezogen wird. Dies kann sich zu einem beliebten Ritual entwickeln und das Kind lernt später, dass es Schlafenszeit ist. Babys mögen Rituale, das vermittelt Sicherheit. Eine sanfte Babymassage tut dem Kind ebenfalls sehr gut. Dazu werden oft Kurse angeboten.

Aufgabe

Überlegen Sie, wie Sie selbst möglichst kostengünstig und aus verschiedenen Materialien ein Mobile anfertigen können. Beachten Sie die Sicherheit (z. B. verschluckbare Kleinteile usw.)! Stellen Sie Ihre Idee in der Klasse vor.

Im zweiten Monat beginnt der Säugling auf Geräusche zu reagieren. Er kann mit etwa sechs Wochen jemanden bewusst anlächeln, auch den Kopf leicht anheben und drehen. Eine weiche Stoffpuppe kann zum ständigen Begleiter werden, ebenso wie Lieder und Reime. Auch wenn sie oft wiederholt werden oder die betreuende Person immer das gleiche Lied singt, wird es für das Baby nicht langweilig.

Beispiel

Beispiele für Kinderlieder:
- Suse liebe Suse
- Fuchs du hast die Gans gestohlen
- Hänschen klein

Aufgabe

Tragen Sie Lieder und Reime zusammen, die Sie aus Ihrer Kindheit kennen und stellen Sie diese in der Klasse vor.

Im dritten Monat kann das Kind den Kopf auch in der Bauchlage heben. Es weint und schreit nicht mehr nur aus Hunger, sondern auch, wenn es sich einsam fühlt und Beschäftigung braucht. Nun können Spielzeuge, wie Rasseln oder Greifspielzeuge gegeben werden. Die Sinne kann man mit Reimen und Liedern weiter fördern, bei denen der Körper des Kindes einbezogen werden kann.

Beispiel

Kommt ein Mäuschen in das Häuschen will was suchen, findet Kuchen.	(von Fuß oder Hand mit Fingern Richtung Ohr laufen)
Klingeling,	(am Ohr kitzeln)
Poch, poch, poch,	(vorsichtig auf die Stirn klopfen)
Guten Tag,	(mit zwei Fingern leicht die Nase berühren)
und Auf Wiedersehen	(mit zwei Fingern das Kinn umfassen)

Bis in den dritten Monat neigt das Kind auch meist zu Blähungen. Eine sanfte kreisende Massage mit Kümmelöl (aus der Apotheke) um den Bauchnabel verschafft Linderung.

Ab dem vierten Monat beginnt das Kind seinen Kopf selbst zu halten. Im nächsten Monat beginnt es bewusst nach Spielzeug zu greifen. Es kann auch Gesichtsausdrücke erkennen und reagiert unsicher, wenn man es mürrisch anblickt. Daher sollte sich immer um Freundlichkeit bemüht werden, da das Kind nicht für schlechte Laune der betreuenden Person verantwortlich ist. Im sechsten Monat kann das Kind mit Unterstützung sitzen. Alle Gegenstände, die das Kind greifen kann, werden in den Mund gesteckt. Es ist notwendig, darauf zu achten, dass keine verschluckbaren Kleinteile in Greifnähe des Kindes geraten. Spiele mit einem Ball bereiten dem Kind Vergnügen. Es kann auch begonnen werden, Farben und Formen kennenzulernen. Verschiedene bunte Becher können übereinander gestapelt werden. Geräusche interessieren das Baby sehr. Das Zerknüllen verschiedener Materialien, das Klopfen an verschiedenen Gegenständen oder Spielzeugen, die verschiedene Laute machen, helfen dabei, dass das Kind lernt, verschiedene Geräusche zu unterscheiden und den Kopf in die richtige Richtung zu drehen. Das ist für das Gehör förderlich.

Aufgabe

Stellen Sie verschiedene Gegenstände und Materialien bereit (z. B. Gläser, Holzbrettchen, Plastikfolie, Papier usw.) verbinden Sie sich gegenseitig die Augen und versuchen Sie die Materialien an den Geräuschen zu erkennen (z. B. Zerknüllen von Papier)

Ab dem siebten Monat kann das Kind schon einige Silbenketten sprechen. Das Sprechen kann durch große, bunte Bilderbücher angeregt werden. In dieser Zeit beginnt auch das Zahnen. Der Speichelfluss nimmt stark zu, aber auch Durchfall kann auftreten. Das Kind ist meist unruhig. Es braucht daher besonders viel Zuneigung und Geduld. Gekühlte Beißringe oder Brotrinden erleichtern den Zahndurchbruch. Eine Massage der Zahnleisten mit dem Finger kann ebenfalls lindern. Dabei ist auf saubere, gewaschene Hände zu achten. In der Apotheke oder in Drogerien werden auch schmerzlindernde Zahnungsgels angeboten. Diese sollten nur nach Rücksprache mit dem Kinderarzt verabreicht werden.

Etwa ab dem achten Monat kann das Kind schon etwas frei sitzen, trotzdem sollte es immer noch gestützt weden. „Hoppe, hoppe Reiter …“ auf den Knien macht dem Baby viel Spaß. Es wird zunehmend mobiler. Den Tastsinn kann man durch verschiedene Materialien fördern. Kugeln, Eicheln, Nudeln oder Plastikfolie, die sicher in kleine Stoffsäckchen eingenäht sind, können dem Kind zum Fühlen gegeben werden. Den meisten Kindern macht auch das Spielen mit Wasser in der Badewanne Spaß. Verschieden große Becher zum Füllen und Leeren, aber auch Schwimmtiere oder ein Schwamm sind dazu geeignet.

Das Baby kann das Wort „nein" verstehen und auch den eigenen Namen. Es kann geübt werden, die Hände zusammenzuklatschen, um „Bitte, bitte" auszudrücken.

Aufgabe

Sammeln Sie verschiedene Kinderlieder, Fingerspiele und Sprüche und den Anleitungen für Bewegungen usw. Stellen Sie diese in der Klasse vor. Legen Sie außerdem eine Sammelmappe an.

Während des neunten Monats kann das Baby sicher sitzen. Spielzeug kann es von einer in die andere Hand nehmen, aber auch gleichzeitig zwei Gegenstände in den Händen halten. Dinge, die vor den Augen des Kindes versteckt werden, beginnt es zu suchen. Es wird Gefallen daran finden, wenn z. B. verschiedene Gegenstände vor den Augen des Babys in einen Topf oder kleinen Eimer gelegt werden und diese dann „gefunden" werden. Ein Spiel ist es für das Kind auch, Spielzeug auf den Boden fallen zu lassen, damit es von einer anderen Person aufgehoben wird.

In diesem Monat beginnt auch das sogenannte „Fremdeln". Das Kind kennt einen festen, ihm vertrauten Personenkreis. Es wird ängstlich oder beginnt zu weinen, wenn es von fremden Personen angesprochen wird, auch bei Personen, die es sehr lange nicht gesehen hat. Meist fasst es aber innerhalb kurzer Zeit Vertrauen.

Die Beweglichkeit wird immer größer. Im zehnten Monat kann sich das Kind selbstständig aufsetzen. Spielzeug zum Hin- und Herschieben ist dann sinnvoll. Bunte Bauklötze können die Geschicklichkeit der Hände fördern. Das Kind kann jetzt auch mit Daumen und Zeigefinger Gegenstände greifen.

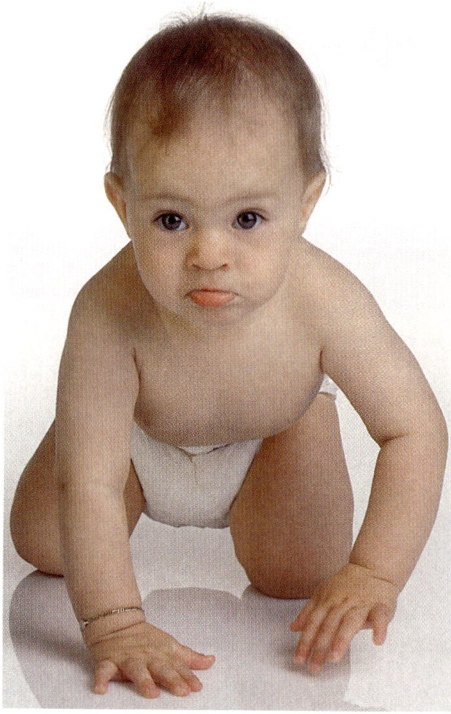

Das Baby versteht immer mehr Worte. Bilderbücher sind gut einsetzbar, da es Details auf einfachen Bildern erkennen kann (z. B. das Dach eines Hauses.)

Aufgabe

Suchen Sie für das Alter geeignete Bilderbücher.

Gegen Ende des 11. Lebensmonats krabbelt das Kind sicher durch die Wohnung. Manchmal kann es sich schon allein an Möbeln hochziehen oder läuft ganz wenige Schritte, wenn es an beiden Händen festgehalten wird.

Durch die wachsende Mobilität des Kindes wird es notwendig, die Wohnung kindersicher zu machen, z.B. durch Anbringen von Absperrgittern an Treppen, von Verschlüssen an Steckdosen oder Absperrgittern an Herden.

© DSH

Aufgabe

Notieren Sie weitere Möglichkeiten, um Sicherheit für ein kleines Kind in der Wohnung zu gewährleisten.

In dieser Zeit sind für das Baby vor allem Geräusche besonders interessant. Es freut sich, wenn Geräusche durch eigenes Zutun entstehen (z.B. Klopfen und Klappern) und es versucht Geräusche nachzuahmen. So spricht es die ersten zweisilbigen Worte wie „Mama" oder „Papa". Geeignet für die Beschäftigung sind Gegenstände wie Töpfe und Schneebesen zum Klopfen. Ebenso ein Spielzeugtelefon; mit welchem zum Sprechen angeregt wird. Mit Tierbildern oder Stofftieren können Geräusche zugeordnet werden (z.B. Hund = „Wau wau").

Aufgabe

Erstellen Sie eine Tabelle, in die Sie Gegenstände usw. eintragen und finden Sie dazu das passende kindgerechte Geräusch bzw. zweisilbiges Wort.

Zum ersten Geburtstag ist das Kind oft schon in der Lage, einige Schritte an einer Hand zu gehen, auch läuft es an den Möbeln entlang. Die Geschicklichkeit der Hände hat zugenommen. Kleinere Gegenstände werden gezielt mit gebeugtem Zeigefinger und Daumen aufgenommen. Spielerisch können dem Kind Bauklötzchen oder Plastiklöffel gegeben werden, die es dann zurückgeben soll, mal mit der linken, mal mit der rechten Hand. Die Gegenstände kann man auch vor den Augen des Babys unter einem Topf oder unter einer Tasse verstecken, sodass sie gefunden und aufgenommen werden können.

Jedes Kind entwickelt sich individuell, daher zeigen die oben genannten Fakten nur einen durchschnittlichen Entwicklungsverlauf. Manche Babys vollbringen bestimmte Leistungen früher als andere oder eben später. Solange nicht alle Fähigkeiten erheblich hinter denen der Altersgenossen zurückbleiben, besteht kein Grund zur Besorgnis. Im Zweifelsfall ist ein Kinderarzt der richtige Ansprechpartner.

4 Mit den ersten eigenen Schritten ins Leben

Im Alter von 1–3 Jahren wird in der kindlichen Entwicklung vom Kleinkind gesprochen. Die Fähigkeit laufen zu können, eröffnet dem Kind viele neue Möglichkeiten. Alle erlernten Fähigkeiten werden ausgebaut. Das Kleinkind wird zur eigenständigen Persönlichkeit.

4.1 Die Entwicklung des Kleinkindes

In diesem Alter sind für die Entwicklung des Gehirns, bzw. des Denkvermögens drei Faktoren besonders wichtig: die Sprachentwicklung, die sozialen Beziehungen und das Spielen.

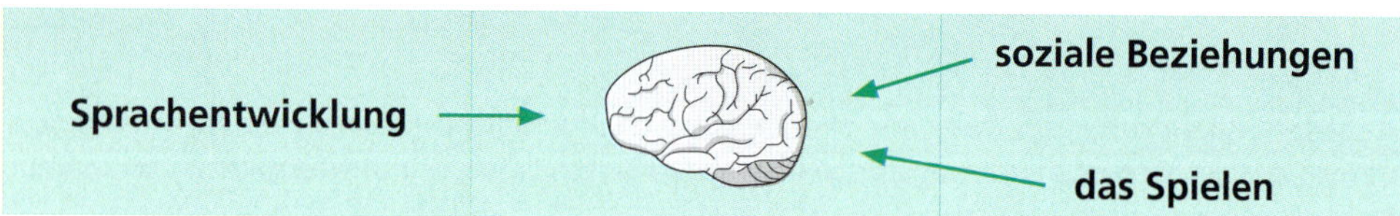

Die Sprachentwicklung

Zwischen dem zweiten und dritten Lebensjahr kann das Kind Zweiwort- und Dreiwortsätze bilden. Es kann zunehmend Gefühle ausdrücken, z. B. Ablehnung durch „Nein"-Sagen oder „Mag nicht." Persönliche Fürwörter sind anfangs noch schwierig für das Kind. Es ist für das Kind leichter zu verstehen, wenn man z. B. „Papa steht auf", als „Ich stehe auf" sagt. Als betreuende Person sollte aber neben der Babysprache auch ganz normal mit dem Kind gesprochen werden. Es ist außerordentlich wichtig, mit dem Kind viel zu sprechen, ihm vorzulesen, es ermutigen zu sprechen. Vorsingen fördert ebenfalls die Beherrschung der Sprache.

Im Folgenden wird ein Kinderreim und Fingerspiel vorgestellt. Er ist wie andere Reime sehr gut geeignet, Sprache und Bewegung zu fördern.

Igels machen sonntags früh	(Hände hoch halten und mit allen Fingern wackeln)
eine Segelbootpartie	(Hände zu einem Schiffchen formen und leicht schaukeln)
und die Kleinen jauchzen froh	(Arme in die Luft strecken)
denn das Boot, das schaukelt so	(Boot formen und schaukeln)
„Fallt nicht raus!", ruft Mama Igel	(drohen mit dem Zeigefinger)
„Denn ihr habt doch keine Flügel!"	(mit den Armen wedeln und den Kopf schütteln)
„Wenn ihr dann ins Wasser fallt,"	(wieder mit dem Zeigefinger drohen)
„Huh, da ist es nass und kalt!"	(Arme vor der Brust kreuzen, sich schütteln, als ob man friert)

Fernsehen ist nicht geeignet für die Entwicklung der Kommunikation, da es kaum zum Sprechen anregt und das Kind nur passiver Zuschauer ist.

Mit etwa drei Jahren bewältigt das Kleinkind auch schon längere Gespräche und kann auf mehrere Fragen durchgängig antworten.

Aufgabe

Lernen Sie den Kinderreim und probieren Sie ihn aus.

Lesen Sie kindgerecht und ausdrucksvoll aus einem Bilderbuch vor. Schätzen Sie Ihre Leistungen gegenseitig in der Klasse ein.

Die sozialen Beziehungen

Mit zunehmenden Alter erforscht das Kind seine Grenzen, d.h. es testet aus, wie weit es bei den Bezugspersonen gehen kann. Sehr häufiges Nein sagen und trotzige Reaktionen sind dafür kennzeichnend. Es ist aber ein normaler Entwicklungsschritt, denn das Kind baut das Verständnis von seiner eigenen Person auf. Dieser Abschnitt wird daher „Phase der Willensbildung" genannt. Es erfordert Geduld, man muss Ruhe bewahren. Es ist wichtig, bei Verboten konsequent zu bleiben, wenn nötig diese dem Kind auch zu erklären. Oft überschätzt das Kind noch seine Fähigkeiten und wird darüber unmutig. Das Erkennen möglicher Gefahren oder die Bewältigung gefährlicher Situationen müssen mit dem Kind geübt werden.

Das Kind löst sich zunehmend von seinen unmittelbaren Bezugspersonen. Andere Kinder, vor allem gleichaltrige, werden interessant. Da Kleinkinder aber noch sehr ichbezogen sind, gibt es untereinander häufig Streit und Tränen. Die Kinder müssen das Miteinanderspielen erst erlernen. Dagegen werden Spielzeuge wie Plüschtiere oder Puppen zum „Freund" und „Tröster".

Zur Entwicklung gehört auch das Selbstverständnis persönlicher Hygiene.

Ab dem zweiten Lebensjahr soll mit dem Toilettentraining begonnen werden. Das Kind ist nun fähig, den Sinn des Toilettengangs zu verstehen. Günstig ist der Zeitpunkt, an dem das Kind üblicherweise seinen Stuhlgang hat. Die Möglichkeit eines Erfolges wird dadurch größer. Generell muss Erfolg mit Lob und positivem Erleben verbunden werden und kein Aufhebens gemacht werden, wenn es mal nicht geklappt hat. Das Kind sollte auch nur wenige Minuten auf dem Topf sitzen, sonst könnte es den Sinn der Sitzungen vergessen, wenn es nicht muss.

Selbstständig Hände waschen und abtrocknen kann ein Kleinkind leicht erlernen. Das Zähneputzen muss noch von der betreuenden Person unterstützt werden. Es sind dabei nur entsprechend dem Kleinkindalter geeignete Zahnbürsten zu verwenden. Zum Schutz der Zähne gibt es fluoridhaltige Zahnpasten oder Tabletten. Diese dürfen jedoch nur mit dem Einverständnis der Eltern und nach Absprache mit dem Kinderarzt verabreicht werden.

Mit eineinhalb Jahren kann das Kind lernen, sich auszuziehen. Lockere Kleidungsstücke, mit Gummizug versehen, sind dafür gut geeignet.

Das Spielen

Das Spielen ist gleichzeitig auch Lernen. Das Kind verbessert dadurch seine Fähigkeiten, Fertigkeiten, Koordination, logisches, vorausschauendes Denken usw.

Es ist wissenschaftlich erwiesen, dass Bewegungen – ob grobmotorisch oder feinmotorisch – die Entwicklung des Gehirns fördern. Kinder, die viel Bewegung haben, lernen auch später wesentlich besser als andere.

Zur grobmotorischen Entwicklung sind folgende Tätigkeiten geeignet:

> Ein Ball ist ein ideales Spielzeug in diesem Alter, da er zu vielen Bewegungsspielen anregt.

Für die Entwicklung der Feinmotorik (Fingerfertigkeit) eignen sich beispielsweise folgende Beschäftigungen:

- Steckspiele
- Spielen mit Knetgummi
- Malen und Zeichnen
- Perlen auf Schnüre auffädeln
- Sandformen füllen
- Wasser in einen Eimer umfüllen

Aufgaben

1. Erkunden Sie einen Spielplatz in Ihrem Wohnort und stellen Sie alle Möglichkeiten zusammen, die an diesem Platz die Bewegung fördern.
2. Besuchen Sie eine Kinderkrippe oder eine Tagesmutter, die Ihnen Beschäftigungsmöglichkeiten zur Entwicklung der Feinmotorik vorstellt. Erstellen Sie darüber eine Liste und probieren Sie einige Möglichkeiten gemeinsam in Ihrer Klasse.

4.2 Häufige Erkrankungen und die Pflege des kranken Kindes

Infektionskrankheiten

Infektion leitet sich vom Wort „infizieren" ab.
Infizieren heißt: Anstecken, Übertragen
Diese Krankheiten werden durch verschiedene Erreger verursacht

Erreger	Beispiele für Erkrankungen
Bakterien	Keuchhusten, Angina, Diphtherie
Viren	Mumps, Masern, Grippe
Pilze	Fußpilz, Nagelpilz
Protozoen	Malaria

Sie können sich ausbreiten durch:
- Erkrankte Menschen
- Erkrankte Tiere
- Verdorbene Lebensmittel
- Mangelhafte Hygiene
- Unsaubere Umgebung

Den Verlauf der Krankheit kann man in vier Abschnitte teilen.

Abschnitt	Was passiert?
Inkubationszeit	Zeit von der Infektion (Ansteckung) bis zum Ausbruch der Krankheit, d. h. der Mensch hat sich mit Viren oder Bakterien infiziert.
Akutes Stadium der Erkrankung	Die Krankheit ist ausgebrochen. Es treten die typischen Erscheinungsbilder auf.
Rekonvaleszenz	Die Krankheit ist überwunden, der Kranke ist noch schwach, aber er beginnt sich langsam zu erholen.
Immunität	Der Körper besitzt Widerstandskraft gegen eingedrungene Erreger oder Giftstoffe.

Die sogenannten Kinderkrankheiten sind Erkrankungen, die durch Infektionen – meist mit Viren – hervorgerufen werden. Da sie bei Kindern häufiger auftreten, verwendet man den eben genannten Begriff. Trotzdem können auch Erwachsene daran erkranken. Nach einer Erkrankung oder Impfung besteht meist eine lebenslange Immunität. Gegen einige Infektionen kann heute bereits geimpft werden (vgl. Kap. 3), z. B. gegen Masern, Mumps und Röteln. Kinder, die nicht geimpft sind, können daran erkranken, bzw. die Krankheit nimmt einen schwereren Verlauf.

Im Folgenden werden Beispiele von Kinderkrankheiten vorgestellt. Fast alle werden durch die Tröpfcheninfektion oder direkten Kontakt übertragen, Masern und Windpocken z. B. auch durch einen Luftzug.

Infektionskrankheit	**Merkmale**	**Komplikationen**
Mumps	Leichtes Fieber, Schmerzen beim Kauen, Schwellung der Ohrspeicheldrüse, Schwellung an den hinteren Wangenseiten sichtbar	Erkrankungen anderer Körperdrüsen (z. B. Hoden oder Eierstöcke) aber Impfung möglich
Masern	Fieber, Schnupfen/Husten möglich, ab 2. Tag kleine Flecken auf der Wangenschleimhaut, zwischen 3. und 5. Tag beginnender Ausschlag hinter dem Ohr, später über Gesicht und dem ganzen Rumpf ausbreitend, hellrote, linsengroße Flecke	Schwächung der Abwehrkräfte, dadurch erhöhte Infektionsanfälligkeit aber Impfung möglich
Röteln	Anschwellen der Lymphknoten an Hals und Nacken, Ausschlag mit kleinen, rosafarbenen Flecken, vom Ohr beginnend, später über den ganzen Körper verteilt	Sehr gefährlich für Schwangere – es kann zu geistiger Behinderung, Herzfehlern des Ungeborenen kommen oder gar zu Fehl- oder Totgeburten aber Impfung möglich
Windpocken	Leichtes Fieber, Mattigkeit, blassrote Flecken am ganzen Körper, in deren Mitte sich mit trüber Flüssigkeit gefüllte Bläschen befinden. Nach Austrocknung der Bläschen bildet sich Schorf	Bleibende Narben, wenn die Bläschen aufgekratzt werden aber Impfung möglich
Scharlach	Plötzlich hohes Fieber, gerötete Rachen und Mandeln, anfangs weißlicher Belag auf der Zunge, später stark rote Zunge, ab 2. Tag hellroter Ausschlag mit winzigen Pünktchen, später schält sich die Haut	Kaum Komplikationen
Keuchhusten	Erst leichter Husten, dann krampfartige Hustenanfälle, Abhusten von blasigem Schleim, Erbrechen	Erstickungsgefahr, Lungen- oder Mittelohrentzündung aber Impfung möglich

Andere Krankheiten kehren häufiger im Kindesalter wieder. Hierzu zählen die Erkrankungen der Atemwege oder der Verdauungsorgane.

Erkältungen

Kleine Kinder erkranken viel häufiger im Laufe eines Jahres als Erwachsene, denn das Immunsystem ist noch nicht so gut ausgebildet und muss noch trainiert werden. Erkältungen können durch verschiedene Virusarten hervorgerufen werden und sind vorwiegend verbunden mit Husten, Schnupfen, Hals-, Rachenschmerzen, aber auch Fieber ist möglich. Im Allgemeinen dauert die Erkrankung ca. eine Woche, wobei die Beschwerden zunehmend abklingen. Nur wenn das Kind Fieber hat und sich matt fühlt, ist Bettruhe vorzuziehen. Ansonsten können verschiedene Hausmittel die Heilung unterstützen. (Vom Arzt verordnete Medikamente müssen natürlich verabreicht werden!)

Besonders wichtig ist, dem Kind viel zu trinken zu geben. Heißer Tee mit Zitrone und Honig gesüßt oder mit Wasser verdünnte Fruchtsäfte sind sehr geeignet.

Erkältungsbäder dürfen nur angewendet werden, wenn das Kind frei von Fieber ist. Entsprechende Badezusätze sind in der Apotheke erhältlich oder können auch selbst hergestellt werden. Das Bad sollte nicht länger als 15 Minuten dauern, danach soll das Kind im warmen Bett ruhen, eventuell müssen verschwitzte Kleidungsstücke gewechselt werden.

Kindernasentropfen, bei größeren Kindern auch ein Dampfbad erleichtern das Atmen durch die Nase. Beim Dampfbad darf das Kind wegen der Verbrennungsgefahr nicht allein gelassen werden! Zusätzlich kann die Brust mit einem milden Erkältungsbalsam eingerieben werden. Abends können wenige Tropfen ätherisches Öl – speziell für Kinder – auf die Nachtwäsche oder auf feuchte Tücher gegeben werden, die man im Raum aufhängt.

Halswickel und Brustwickel können Beschwerden ebenfalls lindern. Je nachdem was das Kind als angenehm empfindet, kann ein warmer oder ein kalter Wickel vorbereitet werden. Man taucht ein Tuch in warmes oder kaltes Wasser und wringt es dann so aus, dass es nicht mehr tropft. Dann wird das Tuch um den Hals gelegt, wobei die Wirbelsäule frei bleiben soll. Darüber wird ein trockener Wollschal oder -tuch gewickelt. Der Wickel kann bis zu 60 Minuten getragen werden, auch mehrere Male am Tag.

Ein kalter Brustwickel eignet sich gut, um Fieber zu senken. Dazu wird Quark mit etwas Essig und Milch verrührt und etwa fingerdick auf ein Tuch gestrichen. Danach werden die Ränder eingeschlagen. Der kühle Wickel wird auf die Brust gelegt und der Oberkörper mit einem Badetuch abgedeckt. Dann wird das Kind in eine Wolldecke gewickelt. Der Wickel kann bis zu einer Stunde am Körper bleiben.

Mittelohrentzündung

Von dieser Erkrankung sind kleine Kinder ebenfalls häufig betroffen. Meist entwickelt sich die Entzündung als Nachfolge einer Erkältung oder Kinderkrankheit. Die Schleimhaut im Mittelohr schwillt an, auch sammelt sich Eiter an. Das Kind hat starke Ohrenschmerzen. Kleine Kinder weinen und sind unruhig oder halten sich das betroffene Ohr. Eine weitere Begleiterscheinung ist hohes Fieber. Das Kind muss unbedingt zum Kinderarzt, denn meist ist eine Behandlung mit Antibiotika notwendig.

Zusätzlich können zu Hause, ca. 15 bis 20 Minuten lang, sehr warme Packungen aus gekochten Kartoffeln auf das betroffene Ohr gelegt werden.

Sobald Eiter aus dem Ohr läuft, lässt der Schmerz nach. Es darf nur das äußere Ohr vorsichtig mit einem Zellstofftuch oder Wattepads gereinigt werden, die man in abgekochtes Wasser tauchen kann.

Erbrechen und Durchfall

Beides kann durch Infektion oder eine Lebensmittelvergiftung hervorgerufen werden. Kommt Fieber hinzu, ist Bettruhe erforderlich. Ein mit etwas Wasser gefüllter Eimer und ein kleines Handtuch griffbereit neben dem Bett sind geeignet, um Erbrochenes aufzufangen und das Gesicht abzuwischen.

Es ist besonders wichtig, dass das Kind viel trinkt, um den Körper vor Austrocknung zu bewahren. Es eignen sich verdünnter schwarzer Tee oder Kräutertees aus Kamille und Pfefferminze. Größere Kinder können später auch mit Wasser gemischte Cola zu sich nehmen. Traubenzucker oder entsprechende Präparate gegen Durchfall geben dem Körper die verlorenen Mineralstoffe zurück.

Eine leichte Ernährung aus geriebenem Apfel, zerdrückter Banane, Zwieback und Salzstangen oder -brezel belastet den Magen weniger und bringt den Appetit zurück. Das Kind darf zum Essen aber nicht gezwungen werden. An den folgenden Tagen wird ebenfalls eine fettarme und milchfreie Schonkost angeboten.

> Leidet das Kind länger als einen Tag an Erbrechen oder kommt Fieber zu der Erkrankung hinzu, muss das Kind dem Arzt vorgestellt werden.

Aufgabe

Stellen Sie für fünf Tage einen Speiseplan für ein an Durchfall erkranktes Kind zusammen. Wählen Sie eine geeignete Schonkost.

Allgemeine Hinweise für die Pflege des kranken Kindes

Krankheiten kündigen sich meist durch Unruhe, Mattigkeit, Blässe oder Appetitlosigkeit usw. an. Wichtig ist, dass die betreuende Person selbst Ruhe und Geduld bewahrt.

Das Kind braucht mehr Zuwendung und Verständnis als sonst. Das bedeutet aber nicht, dass das Kind durch übertriebene Fürsorge zum kleinen „Herrscher" wird, nach dem sich der ganze Tagesablauf richtet. Das Kind wird gezwungen sein, sich auch eine kleine Weile selbst zu beschäftigen. Altersgerechte Hörspiele, Bücher oder auch Filme über-

brücken solche Zeiten. Auf einem kleinen Beistelltisch kann gepuzzelt und gebastelt werden, sodass wenig Langeweile aufkommt.

Die Ernährung richtet sich nach der Erkrankung des Kindes, meist muss Schonkost verabreicht werden. Das Kind soll entsprechend seines Appetits essen und nicht zum Essen gezwungen werden, bei wenig Appetit werden kleine Portionen öfter angeboten. Es ist sehr wichtig, vor allem bei Durchfallerkrankungen, dass das Kind ausreichend trinkt.

Medikamente dürfen nur nach Vorschrift und mit Absprache des Arztes und der Eltern verabreicht werden.

Die Einrichtung des Krankenzimmers und die tägliche Körperhygiene folgen den Richtlinien der Pflege erwachsener Personen. (Vgl dazu S. 100.)

5 Die Selbstständigkeit wächst

Im Alter von drei Jahren ist ein Kind reif genug, einen Kindergarten zu besuchen. Darauf besteht auch ein rechtlicher Anspruch für jedes Kind.

Zwischen dem dritten und sechsten Lebensjahr spricht man daher vom Kindergartenkind.

5.1 Die körperliche und geistige Entwicklung des Kindergartenkindes

Zunehmende Selbstständigkeit und Unabhängigkeit kennzeichnen diesen Lebensabschnitt. Der Bewegungsdrang ist sehr groß. In dieser Zeit wird meist das Rollerfahren, später das Fahrradfahren erlernt. Das Kind wird sicher beim Balancieren, im Klettern, Springen, auf einem Bein hüpfen usw.

Die Feinmotorik (Fingergeschicklichkeit) verbessert sich. Basteln mit verschiedenen Materialien unterstützt die Entwicklung. Der Umgang mit dem Bastelzubehör wie Scheren, Leim und Stiften trainiert ebenfalls die Motorik.

In dieser Zeit soll das Kind lernen, sich vollständig allein an- und auszuziehen, entsprechend auch Knöpfe und Reißverschlüsse öffnen und schließen zu können. Kurz vor dem Schuleintritt sollte ein Kind auch das Binden der Schnürsenkel beherrschen sowie den Umgang mit dem Besteck bei Tisch.

Aufgabe

Erstellen Sie in Partnerarbeit eine Liste von einfachen, kindgerechten Bastelideen für die Jahreszeiten und verschiedenen Feiertage. Stellen Sie auch eine Liste über Materialien und Bastelzubehör zusammen.

Die sprachliche Entwicklung schreitet weiter voran, dadurch auch die Erweiterung des Wortschatzes und des Ausdrucks und die grammatische Richtigkeit der Sprache. Es finden aber auch Schimpfwörter oder deftige Ausdrücke Eingang in den Sprachgebrauch. Man sollte dem Kind erklären, dass die Benutzung solcher Wörter äußerst unschön ist.

Beim Umgang mit dem Kind sollte normal gesprochen und die „Babysprache" vermieden werden. Spricht ein Kind selbst noch mit solchen Wendungen, wird trotzdem im normalen Sprachgebrauch geantwortet, bzw. die Frage richtig wiederholt, wie z .B. „Will auch malen." – „Du möchtest auch malen?"

Aufgezwungene Nachsprechübungen verderben die Freude am Sprechen und könnten das Kind „verstummen" lassen. Hilfreich dagegen sind viele Anregungen zum Sprechen durch Vorlesen oder Nacherzählen lassen. Nicht nur die Fantasie wird angeregt, sondern auch das Gedächtnis trainiert, denn Kinder mögen oftmals bestimmte Bücher oder Geschichten, die sie immer wieder hören möchten und dann auch auswendig kennen. Das Vorsingen oder gemeinsame Singen sowie Hörspiele schulen außerdem die Konzentration beim Zuhören.

Aufgabe

Spielen Sie das „Koffer packen"-Spiel. Der erste Spieler sagt: „Ich packe meinen Koffer und lege ein … (beliebigen Gegenstand nennen) hinein." Der nächste Spieler wiederholt den gesamten Satz, ebenso den Gegenstand und fügt einen neuen hinzu. Wer in falscher Reihenfolge antwortet oder ein Wort vergisst, scheidet aus. Sieger ist, wer zum Schluss übrig bleibt und alles wiederholen kann.

Wichtig ist es auch, mit dem Kind über das Gesehene und Gehörte zu sprechen, damit es Inhalte verarbeiten kann.

Das Interesse des Kindes ist außerordentlich groß. Es stellt sehr viele „Warum"-Fragen, selbst nach einfachsten Dingen. Es ist nötig, mit Geduld und möglichst kindgerecht, aber wahrheitsgemäß, auf diese Fragen zu antworten.

Die sozialen Fähigkeiten des Kindes werden auch im Umgang mit Gleichaltrigen weiterentwickelt. Erste Freundschaften werden geknüpft, die auch nur von kurzer Dauer sein können. Der Besuch bei Freunden oder Einladungen zum Kindergeburtstag fördern die Unabhängigkeit. Größere Kinder werden oft zu Vorbildern, von denen das Kind viel lernen kann.

In Kindergärten gibt es daher häufig Gruppen mit Kindern in verschiedenen Altersstufen. Außerdem lernt das Kind, sich in Gruppen einzuordnen und an Regeln anzupassen.

5.2 Kinder brauchen Erziehung

Erziehung ist darauf ausgerichtet, Verhaltensweisen zu entwickeln, die den gesellschaftlichen und sozialen Anforderungen entsprechen. Dabei werden auch entsprechende Werte und Normen vermittelt. In der Wissenschaft werden bis zu sieben verschiedene Erziehungsstile unterschieden, so z. B. autoritärer, egalitärer, demokratischer Erziehungsstil usw.

In der Praxis sind diese Stile meist Mischformen und enthalten Elemente verschiedener Stile, wobei meist einer überwiegt. Beim demokratischen Erziehungsstil besteht ein partnerschaftliches Verhältnis zwischen den Erziehenden und dem Kind. Die Grundlagen sind Vertrauen und gegenseitige Anerkennung. Erziehungsmaßnahmen sollen verständlich für das Kind sein. Probleme werden gemeinsam gelöst. Das Kind soll im Laufe der Zeit immer eigenverantwortlicher und selbstständiger handeln.

Aufgabe

Erkundigen Sie sich über verschiedene Erziehungsstile und stellen Sie diese in der Klasse vor.

Die Erziehungsmittel unterstützen bzw. lenken die Verhaltensweisen des Kindes; sie sind Rückmeldungen auf dessen Verhalten. Zu den Mitteln gehören unter anderem Lob, Tadel, Ermahnung, Belohnung, Bestrafung, Anerkennung, aber auch Gewöhnung und das Einnehmen einer Vorbildfunktion.

Verstärkung positiven Verhaltens durch ...	**Unterbindung negativer Verhaltensweisen durch ...**
Lob	Tadel
Belohnung	Ermahnung
Anerkennung	Bestrafung

Belohnung sollte in Maßen und nicht überschwänglich erfolgen. Sie sollte dem Kind ebenso verständlich sein wie eine Strafe. Das Kind muss auch lernen, dass nicht automatisch auf jede positive Verhaltensweise eine Belohnung folgt. Belohnung sollte auch nicht ausschließlich in materieller Form (z. B. Geld oder Süßigkeiten) erfolgen.

Eine Bestrafung muss dem Kind verständlich sein und konsequent durchgesetzt werden, sonst wird sie unglaubwürdig. Sie muss der Verfehlung angemessen sein. Keinesfalls darf eine Strafe für das Kind bloßstellend oder demütigend sein, sonst wird das Selbstwertgefühl des Kindes verletzt und Angst erzeugt.

Eine angestellte Person zur Kinderbetreuung muss sich den Erziehungsnormen des jeweiligen Haushaltes anpassen und akzeptieren, das die Eltern mehr bzw. andere Rechte im Umgang mit den eigenen Kindern haben.

Wie tragen angestellte Personen zur Erziehung bei?

- Der Aufsichtspflicht konsequent nachkommen.
- Selbst Vorbild an Höflichkeit und bei Umgangsformen sein.
- Absprachen hinsichtlich der Erziehung, der Beaufsichtigung, des Tagesablaufes usw. einhalten.
- Keines von mehreren Kindern bevorzugen, sondern sich allen gegenüber gleich verhalten.
- Ab und zu Rücksprache mit den Erziehungsberechtigten führen.
- Einen angemessenen emotionalen Abstand zu den Kindern bewahren.

Zusammenfassung

Kinder brauchen Erziehung. Das Lernen und Einhalten von Regeln und bestimmten Normen erleichtert den Kindern den gesellschaftlichen Umgang. So entwickeln Sie ihre soziale Kompetenz, ihre Selbstständigkeit und Eigenverantwortung. Erziehungsmittel können positives Verhalten stärken oder negatives Verhalten abbauen. Sie sollten jedoch immer angemessen sein.

Betreuende Personen müssen sich den Zielen der Erziehungsberechtigten unterordnen und getroffene Absprachen einhalten.

5.3 Hauptsache „Spielen“

„Am Spiel erkennt man, was in einem steckt.“

(K. F. W. Wander)

Spielen ist weit mehr als bloßer Zeitvertreib.

5.3.1 Die Bedeutung des Spieles

Der Alltag eines Kindergartenkindes besteht vor allem aus Spielen. Wichtige Entwicklungsprozesse werden dadurch in Gang gesetzt, sei es im Umgang mit anderen Menschen, bei der Erweiterung des Wissens und des Denkens, der Verbesserung motorischer Fähigkeiten oder beim Nachahmen des Verhaltens erwachsener Leute.

Aufgabe

Wobei können Kinder ihre Fähigkeiten verbessern? Ordnen Sie passende Beispiele aus dem Text unterschiedlichen Spielarten zu.

Spielarten

Eine allgemeingültige Einteilung von Spielen gibt es nicht. Grob gesagt jedoch können Bewegungs- (z. B. Ball spielen) und Ruhespiele (z. B. Brettspiele) unterschieden werden.

In der Erziehungswissenschaft klassifiziert man insgesamt sechs Arten von Spielen, die sich vor allem nach dem Entwicklungsstand, dem Alter und dem daraus folgenden Interesse des Kindes richten.

- **Funktionsspiele:** Freude an Effekten, Bewegungen, Erforschung von Geräuschen usw. – es ist vor allem das Spiel im Baby- und Kleinkindalter, z. B. Spielzeuge, die blinken oder eine Melodie spielen, wenn ein bestimmter Knopf gedrückt wird, Hin- und Herrollen eines Balles.

- **Lernspiele:** Im Grunde ist jedes Spiel geeignet, um etwas zu lernen, hier sind aber Spiele gemeint, die in erster Linie Wissen zu bestimmten Themen, Techniken oder Fertigkeiten vermitteln. Für Vorschulkinder wären z. B. Rechen- oder Zahlenspiele passend, Spiele zum Erlernen der Farben und Formen, aber auch Spielwaren, welche die Konzentration fördern, wie Memory oder Puzzle.

- **Konstruktionsspiele:** Diese fördern vor allem die Fantasie, logisches Denken, vorausschauendes Planen, die Kreativität des Kindes, aber auch Ausdauer und Geschicklichkeit. Klassische Spielmittel sind Bausteine, Knete, Malfarben, aber auch alle natürlichen Materialien wie Äste oder Sand usw.

- **Illusionsspiele**, auch „Als-ob-Spiele“ genannt. Diese regen besonders die Vorstellungskraft der Kinder an. Die Kinder denken sich in eine andere Realität hinein. Sie tun so, als ob sie fliegen oder reiten würden. Dabei wird beispielsweise ein Stock zum schnellen Reitpferd. Auch kann beim abendlichen Zu-Bett-Bringen anstelle des Betreuers ein Teddybär eine Gutenachtgeschichte erzählen oder ein Gespräch über die Geschehnisse des Tages führen. Kleinere Kinder mögen solche Fantasien und sprechen auch wie selbstverständlich mit dem Spielzeug.

- **Rollenspiele:** Beim Rollenspiel kann das Kind sich in verschiedene Charaktere hineinversetzen. Meist werden Erwachsene oder Figuren aus Geschichten und Märchen nachgeahmt. Nicht nur die Fantasie, sondern auch das Sprechen und soziale Verhalten werden gefördert. Häufig werden alltägliche Situationen nachgespielt, wie z. B. Einkaufen oder ein Besuch beim Kinderarzt. Spaß bereiten dem Kind auch Verkleidungen. Geeignetes Spielzeug sind z. B. ein Einkaufsladen, ein Puppendoktorkoffer usw.

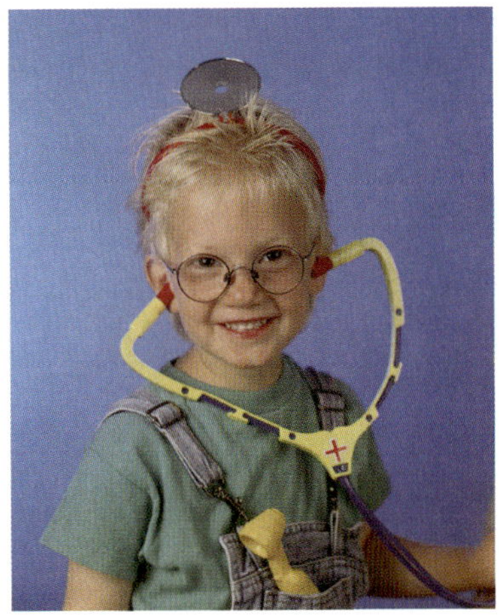

- **Regelspiele:** Bei diesen Spielen sind Regeln vorgegeben. Sie werden meist von Mehreren gespielt. Das Kind lernt Regeln einzuhalten und auch verlieren zu können. Bei Strategiespielen wird außerdem das konzentrierte Beobachten und vorausschauendes Planen geübt und die Merkfähigkeit gesteigert. Regelspiele für zu Hause sind meist Brettspiele jeder Art, aber auch im Freien können für Spiele, z. B. Fangen, Verstecken, Völkerball usw. Regeln aufgestellt werden. Im Vordergrund sollte aber immer der Spaß am Spiel stehen und kein gegenseitiger Druck untereinander entstehen.

Aufgabe

Schreiben Sie auf, was Sie als Kind gern gespielt haben. Lassen Sie dies von einem Mitschüler der jeweiligen Spielart zuordnen.

Die Auswahl von Spielzeug

Zum Spielen werden häufig Gegenstände verwendet, die die Freude am Spiel noch vergrößern – Spielzeuge. Der Begriff wird meist gleichbedeutend für das Wort Spielwaren gebraucht, das Objekte und Material bezeichnet, welche in der Industrie oder im Handwerk entwickelt und hergestellt wurden. Folgende Aspekte sollten bei der Auswahl des Spielzeuges berücksichtigt werden:

- die Ungefährlichkeit des Spielzeuges
- besser sind Spielwaren mit Prüfsiegel, z. B. GS-Zeichen, TÜV- und schadstoffgeprüfte Artikel
- die problemlose Reinigung
- es muss dem Alter und dem Entwicklungsstand des Kindes entsprechen.
- das Kind könnte sonst überfordert sein, außerdem besteht die Gefahr, dass vor allem jüngere Kinder Kleinteile verschlucken oder in Nase und Ohren stecken
- es sollte zum Handeln und Sprechen anregen und möglichst alle Sinne fördern
- es sollte verschiedene Spielarten ermöglichen

Es ist normal, dass Kinder verhältnismäßig schnell das Interesse an einem Spielzeug verlieren. Um das Interesse erneut zu wecken, können verschiedene Spielwaren über einen längeren Zeitraum weggeräumt werden oder mit anderen Leuten getauscht werden.

Selbst das beste Spielzeug ersetzt keine Liebe und Geborgenheit.

Aufgabe

Erkundigen Sie sich im Handel, welches Spielzeug für fünfjährige Kinder geeignet ist und den oben genannten Aspekten entspricht. Berücksichtigen Sie eine Preisspanne von höchstens 10 EUR. Tragen Sie Ihre Ergebnisse in der Klasse vor.

5.3.2 *Weitere Möglichkeiten zur Förderung der Entwicklung des Kindes*

Erlernen von Alltagsverrichtungen

Das natürliche Interesse von Kindern kann man auch auf das Erlernen von Alltagsverrichtungen, wie z. B. persönliche Hygiene, Aufräumen und Ordnunghalten sowie andere Tätigkeiten im Haushalt, lenken.

Entsprechend der Absprache mit den Erziehungsberechtigten sollte man die Vorgehensweise bei der Körperhygiene nach immer dem gleichen Muster einhalten. Das Kind soll die Tätigkeiten zunehmend allein durchführen. Das Ergebnis (z. B. ein schiefer Zopf) sollte aber nicht immer verbessert werden, bzw. gemeinsam mit dem Kind korrigiert werden, sonst verliert es vielleicht schnell die Lust und wird passiv.

Das immer gleiche „Ritual", egal bei welcher Tätigkeit, gibt Kindern ein Gefühl der Sicherheit, außerdem werden sie nicht überfordert.

Das Anziehen am Morgen kann erleichtert werden, wenn am Abend vorher gemeinsam die Sachen ausgewählt wurden und in umgekehrter Reihenfolge, wie man sich anzieht zurechtgelegt werden.

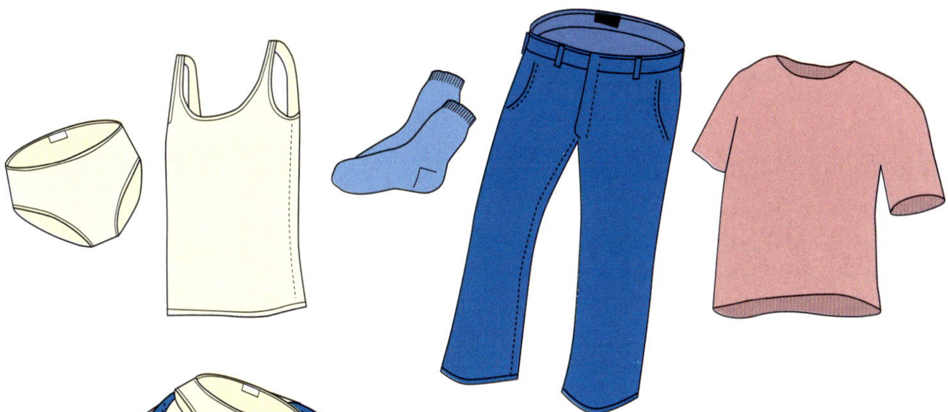

Für das Kind schwierige Tätigkeiten, z. B. Knöpfe schließen, sollte man zeigen und dem Kind Gelegenheit geben, es selbst zu versuchen. Das Aufräumen kann zu einem Spiel werden. Hier drei Beispiele:

- Man teilt die Sachen zum Aufräumen. Wer am schnellsten seine Dinge weggeräumt hat, ist Sieger.
- Die Spielzeugkiste wird in die Mitte gestellt, jeder sagt einen Namen oder eine Farbe oder einen Gegenstand – je nachdem, was vorher festgelegt wurde – und darf, wenn es richtig ist, das Spielzeug in die Kiste werfen, sonst ist er erneut an der Reihe.
- Jeder bestimmt für den jeweils anderen, welchen Gegenstand er wegräumen muss.

In die tägliche Hausarbeit kann ein Kind durchaus miteinbezogen werden. Man sollte es aber nicht zwingen, da es sonst nur widerwillig helfen wird oder sich gar verweigert. Man kann dem Kind aber erklären, dass, wenn es hilft, mehr Zeit für ein gemeinsames Spiel oder Vorlesen usw. übrigbleibt.

Ein Kindergartenkind kann durchaus helfen, z. B. Teigformen auszustechen, den Tisch zu decken und abzuräumen, Servietten in einfacher Form zu falten, den Geschirrspüler auszuräumen, einen Schmutzhaufen auf die Schaufel zu kehren, kleine Kleidungsstücke in den Schrank zu räumen. Man sollte das Kind dabei auch loben und nachsichtig sein, wenn es etwas noch nicht gut kann.

Bei Tätigkeiten im Haushalt müssen dem Kind eventuelle Gefahren (z. B. große, scharfe Messer) bewusst gemacht werden.

Umgang mit Medien

Im Zeitalter der elektronischen Medien ist es besonders wichtig, in Kindern das Interesse an Büchern und das spätere selbstständige Lesen zu wecken. In Kinderbüchern steckt ein großes Potenzial zur Entwicklungsförderung des Kindes. Sie können

- Wissen vermitteln
- die Fantasie anregen
- die Sprachentwicklung fördern
- den Wortschatz erweitern
- zum Spielen anregen
- die Konzentrations- und Merkfähigkeit verbessern

Kinderbücher sollten ebenso wie Spielwaren dem Alter des Kindes entsprechen. Für das Vorlesen und Lesen muss eine ruhige und angenehme Atmosphäre geschaffen werden.

Aufgaben

1. Besuchen Sie eine Bibliothek und erkundigen Sie sich, welche Bücher von Kindern gern gelesen werden.
2. Erstellen Sie eine Tabelle für die Altersgruppen: 1–3 Jahre; 4–6 Jahre; 7–12 Jahre und ab 14 Jahre und wählen Sie Bücher aus, die Sie für die Kinder empfehlen würden.
3. Stellen Sie ein Kinderbuch Ihrer Wahl vor. Lesen Sie ausdrucksvoll ein Stück aus dem Buch vor, als würden Sie es einem Kind vorlesen.

Elektronische Medien sind aus dem Alltag nicht mehr wegzudenken und selbstverständlich kommen die meisten Kinder schon sehr früh damit in Berührung. Wichtig ist ein sinnvoller Umgang mit diesen Medien.

Hier einige Ratschläge
- Fernsehprogramme, Videofilme, DVDs, Video- und Computerspiele usw. sollten dem Kindesalter entsprechen (Hinweise zur Jugendfreigabe beachten)
- möglichst eine gemeinsame Auswahl treffen, gemeinsam ansehen und anschließend über das Gesehene sprechen
- die Zeiten sollten sehr begrenzt sein, da das Kind vor allem passiver Zuschauer ist
- keinesfalls sollte das Kind aus Langeweile schauen
- Hörspiele sind günstiger, da sie die Vorstellungskraft fördern können

„So nicht!"

Aufgaben

1. Besorgen Sie sich eine Programmzeitschrift und erstellen Sie eine Liste mit Sendungen, die Sie als geeignet für ein Kindergartenkind erachten.
2. Diskutieren Sie Ihre Wahl in der Klasse.
3. Stellen Sie ein Programm für drei Wochen aus Fernsehen, Filmen, Videospielen oder Computerprogrammen zusammen, das eine Zeit von 60 Min. pro Woche nicht übersteigt.

6 Die Zuckertüte ruft

Mit dem Eintritt in die Schule beginnt ein weiterer wesentlicher Lebensabschnitt für das Kind: das Kennenlernen neuer Freunde, sich in einer anderen Umgebung eingewöhnen und zurechtfinden, viel Neues lernen und somit noch selbstständiger zu werden. Das Fest und die Zuckertüte bleiben für das Kind meist als großes Ereignis in Erinnerung.

6.1 Die Entwicklung des Schulkindes

Im Alter zwischen sechs und sieben Jahren wird ein Kind eingeschult. Eine ärztliche Schuluntersuchung wurde dann bereits durchgeführt, bei der festgestellt wurde, ob das Kind schulfähig ist und somit der körperlichen und geistigen Entwicklung eines Schulanfängers entspricht.

Der Wissenserwerb erfolgt nun in strukturierter Form. Lesen, Schreiben und Rechnen werden erlernt. Kenntnisse und Erfahrungen werden in einer logischen Ordnung zusammengefügt.

Das Kind lernt innerhalb der neuen Gruppe entsprechende Verhaltensnormen kennen sowie den Maßstab für seine eigene Leistungsfähigkeit. Das Lernen ist am Anfang noch ein Lernen für die Eltern oder die Klassenlehrerin, die zur neuen Bezugsperson geworden ist.

Mit dem Schuleintritt ist nicht automatisch eine Verbesserung aller Fähigkeiten und Fertigkeiten verbunden. Das Kind braucht noch Unterstützung bei der Vorbereitung und Nachbereitung eines Schultages. Die täglich gleiche Vorgehensweise, z. B. beim Einräumen des Schulranzens, der Federmappe usw. bringt schnell Routine in den Alltag und trägt zur Selbstsicherheit und vor allem zur Selbstständigkeit des Kindes bei, wenn es nach einiger Zeit ohne Hilfe die Schulsachen vorbereiten kann. Hausaufgaben soll das Kind allein erledigen, die Zeit darf aber nicht übermäßig lang sein.

Der **Zahnwechsel** kennzeichnet diesen Abschnitt ebenso. Die Milchzähne werden von den bleibenden Zähnen aus dem Kiefer geschoben und fallen aus. Der Wechsel vollzieht sich bis etwa zum 12. Lebensjahr.

Die Zahnhygiene muss gründlich sein, da der Zahnschmelz der neuen Zähne noch nicht vollkommen ausgehärtet und daher anfälliger für Karies ist. Die Zahnbürste sollte einen höchstens zwei Zentimeter langen Bürstenkopf mit abgerundeten Kunststoffborsten haben. Es ist ratsam, Zahnpasta mit einem höheren Fluoridgehalt zu verwenden. Der Kinderzahnarzt kann nach Absprache Flouridlack auf die Zähne auftragen, um diese so besser zu schützen.

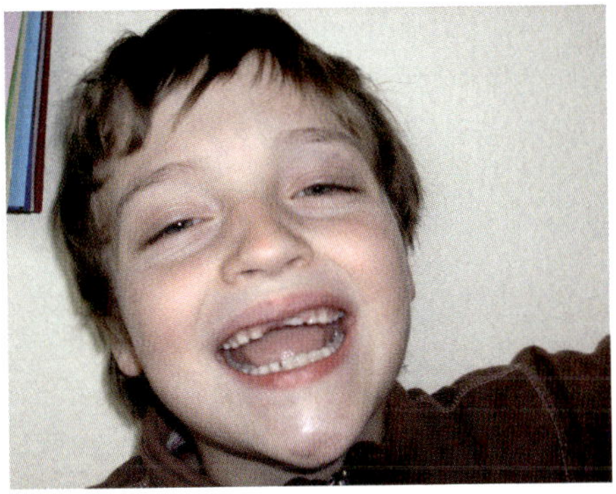

6.2 Der Tagesablauf

Der Tagesablauf eines Schulkindes wird durch den Schulbesuch bestimmt. Im Vorfeld ist es wichtig, dass das Kind den Schulweg kennt. Es ist hilfreich, den Weg vorher abzugehen und wichtige Übergänge an Straßen, Ampeln usw. zu trainieren, noch bevor das Kind in die Schule kommt.

Frühstück und Pausenbrot

Das Frühstück ist eine sehr wichtige Mahlzeit für das Kind. Es muss ausreichend Energie aufnehmen, um konzentriert und leistungsfähig in der Schule lernen zu können. Neben einem ausgewogenen Frühstück sollte dem Kind auch ein dementsprechendes Pausenbrot mitgegeben werden.

Zu empfehlen sind vor allem Vollkornprodukte, denn sie enthalten sättigende Kohlenhydrate und Ballaststoffe. Milchprodukte liefern wichtiges Eiweiß, aber auch Kalzium für Knochen und Zähne. Der Vitamin- und Mineralstoffbedarf kann durch Obst und Gemüse (auch Säfte aus beidem) abgedeckt werden. Zur geschmacklichen Abrundung können fettarme Wurstsorten verwendet werden oder auch ab und zu ein gekochtes Ei. Sehr wichtig ist auch die Trinkmenge. Sie liegt bei kleineren Schulkindern etwa bei 1 Liter pro Tag. Mineralwasser, verdünnte Säfte und nur geringfügig süße Frucht- und Kräutertees sind die geeigneten Durstlöscher, auch für die Schule.

Beispiele für ein ausgewogenes/geeignetes Frühstück

Für das Essen muss ausreichend Zeit eingeplant werden, sodass das Kind in Ruhe frühstücken kann. Das Kind sollte nicht allein am Tisch sitzen, auch wenn andere Familienmitglieder zu anderen Zeiten außer Haus müssen. Kindern, die am Morgen noch gar keinen Appetit haben, sollte trotzdem mindestens ein Glas Milch oder warmer Tee angeboten werden und etwas Obst, z. B. Apfel oder Banane. Mit leerem Magen darf kein Kind das Haus verlassen.

Das Pausenbrot sollte möglichst ansprechend gestaltet sein, denn das Auge isst bekanntlich mit. Schnitten oder Brötchen können leicht auseinanderfallen, daher werden sie am besten in Butterbrotpapier gewickelt. Außerdem wird so vermieden, dass alles gleich schmeckt nach Apfel oder Gurke usw., denn Brot zieht Gerüche an. Obst und Gemüse können auch in einer kleineren Dose mitgegeben werden. Eine bunte Serviette wirkt ansprechend und kann Flecken auf der Kleidung vermeiden.

Das Kind sollte auch mitbestimmen können, was es als Pausenbrot mitnimmt. Kreative Vorschläge lenken es in die richtige Richtung, so kann z. B. eine „Woche der Farben" gestaltet werden, an der jeden Tag nur Obst und Gemüse derselben Farbe mitgegeben werden.

Vorschlag „Woche der Farben"

„Grüner Montag"	– mit grünem Obst und Gemüse, wie z. B. Gurke, Weintrauben, Kiwi
„Orangefarbener Dienstag"	– mit orangefarbenem Obst und Gemüse wie Möhre, Mandarine, Physalis
„Roter Mittwoch"	– mit rotem Obst und Gemüse wie Cocktailtomaten, Radieschen, rotem Apfel
„Gelber Donnerstag"	– mit gelbem Paprika, Banane, Ananas
„Blauer Freitag"	– mit blauen (Trocken-)Pflaumen, Heidelbeeren, Weintrauben

Es ist darauf zu achten, dass die Portionen der Pausenbrote handlich und nicht zu groß für das Kind sind. Süßigkeiten sollten vermieden werden, da sie durch den hohen Zuckeranteil zwar schnell Energie bringen, diese aber auch ebenso schnell verbraucht wird. Daher sind sie lieber zu Hause in kleinen Mengen gemeinsam und mit Genuss zu verzehren.

Aufgabe

Schreiben Sie je einen Vorschlag für ein Frühstück und ein Pausenbrot auf. Vergleichen Sie diese mit den anderen in der Klasse.

Der Nachmittag sollte so organisiert sein, dass das Schulkind Möglichkeit zur Erholung und zum Ausgleich hat, aber auch Zeit für die Vorbereitung auf den nächsten Schultag. Außerdem sollte es auch Aufgaben – dem Alter entsprechend – innerhalb der Familie bzw. im Haushalt übernehmen; beispielsweise den Müll hinaustragen, Blumen gießen, den Geschirrspüler ausräumen, das eigene Zimmer aufräumen usw. Das Kind soll verstehen, dass es wichtig ist, sich in die Familie einzubringen, sodass alle mehr Zeit füreinander haben.

Im Folgenden sind zwei mögliche Tagesabläufe für Schulanfänger aufgeführt.

Zeit	**Ablauf**
6.45 Uhr	– Wecken – Körperhygiene – Anziehen
7.00 Uhr	– Frühstück
7.30 Uhr	– Anziehen – Schulweg
8.00 Uhr–11.55 Uhr	– Unterricht
12.05 Uhr	– Heimweg
12.30 Uhr	– Mittagessen
Bis 15.00 Uhr	– Ruhe- oder Spielzeit
15.00 Uhr	– kleiner Imbiss – Hausaufgaben – Vorbereitung der Schulsachen
16.00 Uhr – 17.30 Uhr	– Freizeit, z. B. Sport – familiäre Unternehmungen
17.30 Uhr	– Abendessen – Aufräumen von Spielsachen oder – kleine Hilfe im Haushalt usw.
19.00 Uhr	– Körperhygiene
19.15 Uhr	– zu Bett gehen – Einschlafritual mit Vorlesen, Singen, Hörgeschichten usw.

Tagesablauf 2

Zeit	**Ablauf**
6.45 Uhr	– Wecken – Körperhygiene – Anziehen
7.00 Uhr	– Frühstück
7.30 Uhr	– Anziehen – Schulweg
8.00 Uhr – 11.55 Uhr	– Unterricht
12.10 Uhr	– Abholung durch Erzieher aus dem Hort
12.30 Uhr	– gemeinsames Mittagessen

13.00 Uhr – 14.30 Uhr	– Mittagsruhe – Hausaufgabenzeit
15.00 Uhr	– gemeinsame Vesper
15.30 Uhr – 16.30 Uhr	– Freizeitgestaltung
16.30 Uhr	– Heimweg
17.00 Uhr	– gemeinsame Vorbereitung Abendessen
17.30 Uhr	– Abendessen
18.00 Uhr	– Vorbereitung der Schulsachen
18.15 Uhr	– Freizeit
19.00 Uhr	– Körperhygiene
19.15 Uhr	– zu Bett gehen – Einschlafritual mit Vorlesen, Singen, Hörgeschichten usw.

Aufgabe

Vergleichen Sie die beiden Tagesabläufe. Sammeln Sie Stichpunkte von Ihrem eigenen Schulalltag. Machen Sie eigene Vorschläge, wie der Nachmittag mit dem Kind gestaltet werden kann.

Kindergeburtstag

Die Feiern, zu denen Kinder das erste Mal Freunde einladen, sind meist Kindergeburtstage. Die Eltern bestimmen, wie viele Personen kommen dürfen. Als einfache Regel gilt: Je jünger das Kind ist, desto weniger Gäste nehmen teil und umso kürzer wird das Fest.
Bei der Vorbereitung sollte das Kind miteinbezogen werden.

Folgende Punkte erleichtern die Vorbereitung:
- Einladungen gestalten, mit Datum, Ort, Uhrzeit und evtl. mit Telefonnummer versehen und rechtzeitig verschicken.
- Liste aufschreiben, was eingekauft werden muss bzw. was bereits vorhanden ist.
- Arbeitsplan für den Tag der Feier erstellen, um genügend Zeit für z. B. Kuchen backen, Essen vorbereiten, dekorieren, eindecken usw. zu haben.

- Gestaltung des Geburtstagstisches und Ausgestaltung des Raumes oder Gartens überlegen.
- Erstellen einer Übersicht, welche Spiele durchgeführt werden und welche Gewinne es dafür gibt.
- Einplanen einer „Schlecht-Wetter-Variante“ bei einem Gartenfest.
- Heimweg der Gäste organisieren.

Aufgaben

1. Gestalten Sie einen Projekttag zum Thema „Kindergeburtstag“. Wenden Sie dabei Ihr gesamtes Wissen aus Ihrem Ausbildungsberuf an.
2. Gestalten bzw. organisieren Sie einen Kindergeburtstagstisch.
3. Sammeln Sie Vorschläge für Spiele und legen Sie sich dazu eine Mappe an. Führen Sie die Spiele in der Klasse gemeinsam durch und überlegen Sie, für welches Alter diese geeignet sind.
4. Schreiben Sie über die Vorbereitung eines Kindergeburtstages für einen 6-Jährigen einen Beleg mit Arbeitsplan, Einkaufsliste, Tischdekoration, Einladung und Idee für das Geschenk im Wert von 15,00 EUR.

Projekttag Kindergeburtstag

7 Das Jugendalter

Die Jugend liebt heutzutage den Luxus. Sie hat schlechte Manieren, verachtet die Autorität, hat keinen Respekt vor den älteren Leuten und schwatzt, wo sie arbeiten sollte. Die jungen Leute stehen nicht mehr auf, wenn ältere das Zimmer betreten. Sie widersprechen ihren Eltern und tyrannisieren ihre Lehrer.

(Sokrates, 470–399 v. Chr. griechischer Philosph

Ein Zitat, das schon uralt ist und doch heute genauso zuzutreffen scheint, wie damals. Sicher ist, dass Jugendliche meist anders sind und sein wollen, als es die vorigen Generationen sind bzw. waren ... und dass – wären sie immer angepasst und führten sie das gleiche Leben wie die Älteren – sich die Gesellschaft wahrscheinlich nicht verändert hätte bzw. weiterentwickelt hätte. „Anders zu sein" ist daher auch ein „Recht der Jugend".

7.1 Die Pubertät

Die Pubertät beginnt bei Mädchen etwa ab dem 10. Lebensjahr und dauert bis zum Alter von 18 Jahren, bei Jungen etwa vom 12. Jahr bis zum Alter von 20 Jahren. Sie wird ausgelöst durch ein hormonelles Signal der Hirnanhangsdrüse, welches zur Folge hat, dass vermehrt Geschlechtshormone im Körper ausgeschüttet werden. Es ist die Wandlung vom Kind zum geschlechtsreifen Erwachsenen. Aus heutiger wissenschaftlicher Sicht ist es für die Jugendlichen keinesfalls ein einfacher und harmloser Entwicklungsschritt. Die Jugendlichen müssen gleichzeitig mit körperlichen und seelischen und somit auch sozialen Veränderungen zurechtkommen.

7.1.1 Die körperliche Entwicklung

Gekennzeichnet ist die Entwicklung durch das körperliche Wachstum bis zur endgültigen Körpergröße und die Ausbildung der sekundären Geschlechtsmerkmale (d. h. die äußerlichen Merkmale, durch die ein Mensch eindeutig einem Geschlecht zugeordnet werden kann). Dafür ist bei Mädchen das Hormon Östrogen und bei Jungen das Hormon Testosteron verantwortlich.

Die nachfolgende Abbildung zeigt die körperlichen Veränderungen vom Kind zum Erwachsenen.

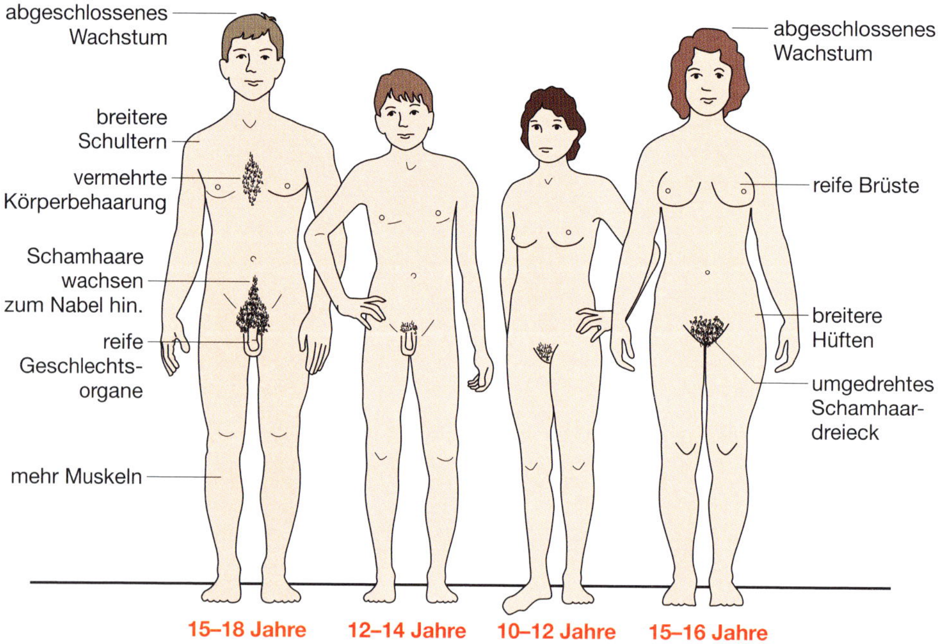

Veränderungen bei Jungen
Die Geschlechtsorgane werden größer, Scham- und Achselhaare wachsen, Gesichts- und Körperbehaarung sowie Muskelmasse nehmen zu. Der Kehlkopf vergrößert sich, die Stimme wird tiefer.

Veränderungen bei Mädchen
Die Brüste knospen, Scham- und Achselhaare wachsen, es kommt zur Menstruation, die am Anfang noch unregelmäßig sein kann. Um die Hüften bildet sich Fett.

Neben der Entwicklung der sekundären Geschlechtsmerkmale setzt bei Mädchen die Menstruation ein.

Der Menstruationszyklus

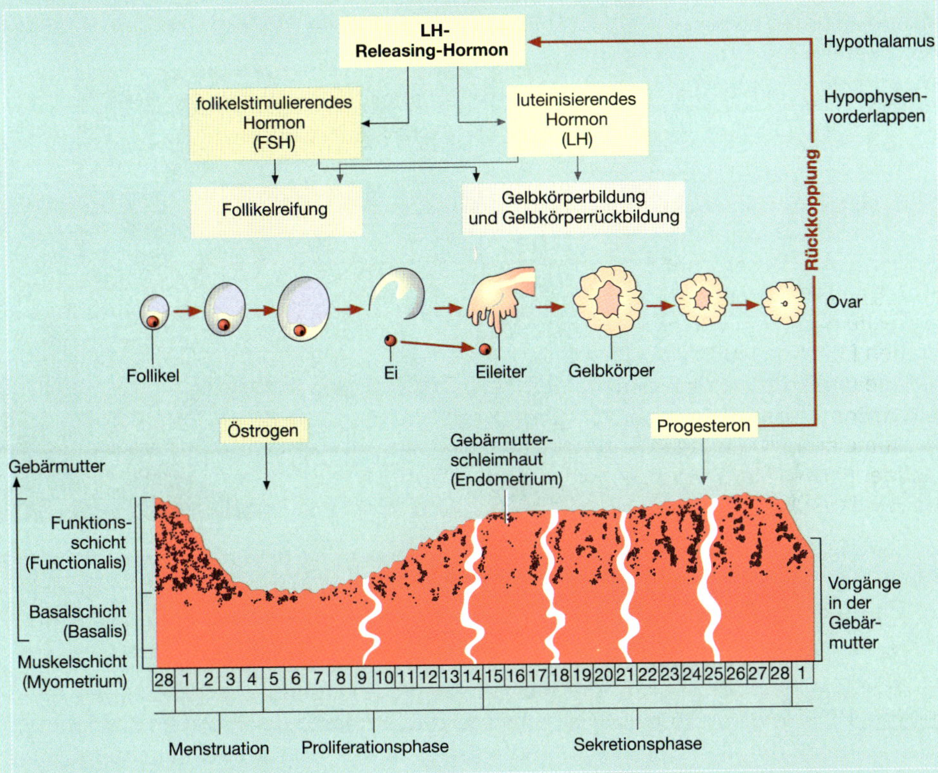

Der Zyklus kann zwischen 28 und 35 Tagen liegen. In dieser Zeit reift eine Eizelle im Eierstock heran. Der Eisprung, d. h. wenn die Eizelle aus dem Eierstock in die Gebärmutter abgegeben wird, erfolgt zwischen dem 12. und 16. Tag nach der letzten Menstruation. Die Wahrscheinlichkeit, in dieser Zeit bei ungeschütztem Geschlechtsverkehr schwanger zu werden, ist sehr groß. Wird die Eizelle nicht befruchtet, nistet sie sich nicht in der Gebärmutterschleimhaut ein, sondern stirbt ab. Die Eizelle und ein Großteil der Gebärmutterschleimhaut werden abgestoßen. Es kommt zu einer Blutung aus der Scheide.

Stimmwechsel bezeichnet das Tieferwerden der Stimmlage der Jungen in der Pubertät. Dieser wird hervorgerufen durch das Wachstum des Kehlkopfs und die dadurch bedingte Verlängerung der Stimmbänder.

7.1.2 Seelische Veränderung

Die körperlichen Veränderungen beeinflussen auch das Seelenleben der Jugendlichen. Häufig sind sie mit ihrem äußeren Erscheinungsbild unzufrieden und dadurch zu selbstkritisch. Sie sind hin- und hergerissen zwischen dem Gefühl „erwachsen zu sein" und doch noch „Kind zu sein".

Hinzu kommt die Entwicklung eines neuen Selbstwertgefühls. Viele Jugendliche fühlen sich in dieser Zeit missverstanden und unsicher, ziehen sich oft in sich selbst zurück. Auch für die Eltern ist es ein zum Teil schwieriger Lebensabschnitt. Der Jugendliche grenzt sich auf der Suche nach dem eigenen Ich von den Eltern ab, stellt vieles in Frage und kritisiert Gegebenheiten. Er möchte für sich neue Freiräume erobern und gleichwertiger Partner der Erwachsenen werden.

Konflikte bleiben nicht aus. Wichtig ist vor allem Verständnis der Eltern, wenn dies auch oftmals sehr schwierig aufzubringen ist. Statt die „Zügel in der Hand behalten zu wollen", müssen sie lernen, sie jetzt loszulassen, um mehr und mehr Berater und Begleiter zu sein. Im äußersten Fall sollte man sich an Familienberatungsstellen wenden.

Mit zunehmendem Alter wächst die Selbstsicherheit des Jugendlichen. Das äußere Erscheinungsbild wird wichtig, auch sogenannte Statussymbole gewinnen an Bedeutung, wie z.B. bestimmte Markenartikel. Diese sind meist auch Ausdruck der Zugehörigkeit zu einer bestimmten Gruppe. In dieser Zeit werden auch erste feste oder lebenslange Freundschaften geschlossen.

Der Jugendliche beginnt sich für das andere Geschlecht zu interessieren und wird auch sexuell aktiv.

7.1.3 Erste Liebe und Schwangerschaftsverhütung

Die erste große Liebe bleibt meist in lebenslanger Erinnerung. Jugendliche erleben sie manchmal zwischen „himmelhoch jauchzend und zu Tode betrübt", besonders wenn sie endet. Wichtig ist, dass man als Erwachsener die Gefühle des Jugendlichen ernst nimmt und ehrliche Ratschläge gibt oder eine aufrichtige Meinung vertritt, wenn man darum gebeten wird.

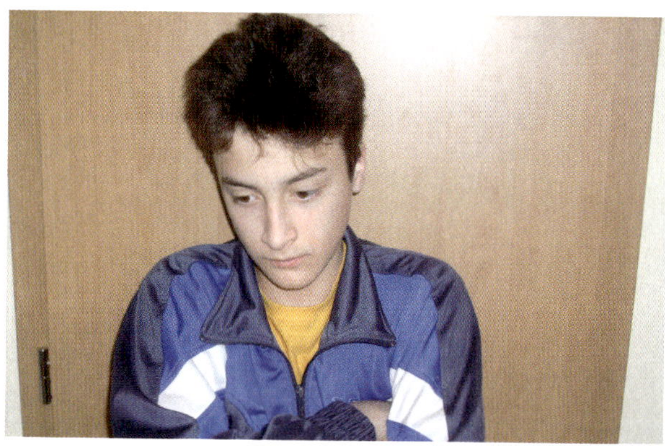

Vor allem aber sollte man ein guter Zuhörer sein, Trost spenden und für Ablenkung sorgen, wenn der Jugendliche nur schwer mit der Beendigung einer Beziehung fertig wird. Jugendliche, die in dieser Zeit ihre Liebe zum gleichen Geschlecht entdecken, befinden sich meist in einer besonders schwierigen Situation. Denn obwohl durch die gesetzliche Anerkennung gleichgeschlechtlicher Ehen eine Grundlage für die gesellschaftliche Akzeptanz gelegt wurde, ist es in der familiären Wirklichkeit häufig ein Tabuthema, bedingt z. B. durch traditionelle oder religiöse Wertvorstellungen. Wichtig ist, dass die Jugendlichen einen Ansprechpartner finden, dem sie sich vollkommen anvertrauen können. Neben Zuneigung gewinnt auch die körperliche Liebe an Bedeutung. Sie sollte nicht allein als mechanischer Akt betrachtet werden, sondern die Gefühle füreinander sollten eine wesentliche Rolle spielen und sie muss von beiden Seiten gleich gewollt sein.

Die Jugendlichen sollten auch vor dem „ersten Mal" über die Vorgänge im Körper, die Möglichkeiten der Schwangerschaftsverhütung und sexuell übertragbare Krankheiten informiert sein. Dies ist eine Verantwortung, deren sich die Jugendlichen unbedingt bewusst werden müssen.

Möglichkeiten der Schwangerschaftsverhütung

Die meisten Methoden sind für den weiblichen Körper konzipiert. Das heißt jedoch nicht, dass Schwangerschaftsverhütung allein Sache der Frau ist. Beide Partner tragen die Verantwortung gleichermaßen.

Art der Verhütung	Mittel	Wirkungsweise	Hinweise
Hormonal	Antibabypille, Hormonimplantat, Dreimonatsspritze, Hormonspirale 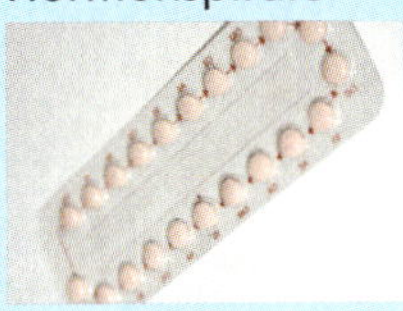	Verhindert das Freisetzen von reifen Eizellen	Verschreibung durch den Frauenarzt – sehr sicher

Art der Verhütung	Mittel	Wirkungsweise	Hinweise
Mechanisch	Kondom 	Fängt die Samenflüssigkeit des Mannes beim Orgasmus auf, verhindert dadurch die Befruchtung	– sicher – wird auf das steife Glied des Mannes gezogen – jedes Kondom ist nur einmal verwendbar – verhindert auch die Übertragung von Geschlechtskrankheiten oder AIDS
	Scheidenpessar 	Samenzellen des Mannes können nicht in die Gebärmutter gelangen, da das Pessar auf den Gebärmuttermund geschoben wird	– sicher – muss vom Frauenarzt angepasst werden
	Spirale 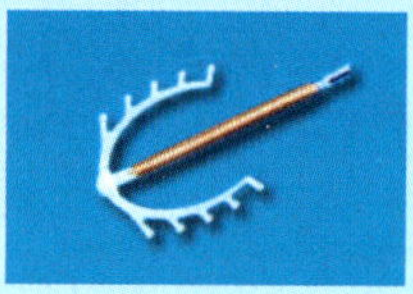	Wird vom Frauenarzt in die Gebärmutter eingelegt, verhindert eine Befruchtung, der Blasenkeim kann sich nicht einnisten	– sehr sicher – halbjährliche frauenärztliche Kontrolle nötig
Chemisch	Zäpfchen, Gel, Schaumspray usw. 	Töten durch ihre chemische Zusammensetzung die Spermien ab	– Einbringen in die Scheide mind. 15 Min. vor dem Geschlechtsverkehr, lassen in ihrer Wirkung nach ca. 60 Min. nach

Art der Verhütung	Mittel	Wirkungsweise	Hinweise
Natürlich	Bestimmung der fruchtbaren Tage mithilfe des Kalenders (Kalendermethode) oder durch Messen der Körpertemperatur (beim Eisprung steigt die Temperatur um ca. 0,5 °C an) 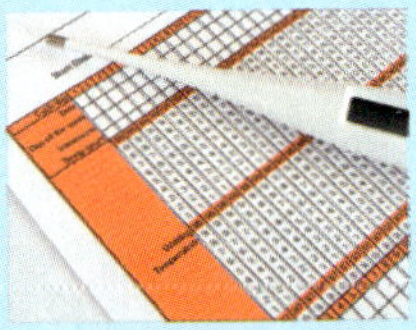	Verhütung nur an den fruchtbaren Tagen nötig	– erfordert einen sehr konstanten Zyklus – Selbstbeobachtung über längere Zeit nötig – Minicomputer unterstützen die Methode

Eine der unsichersten Methoden ist der unterbrochene Geschlechtsverkehr (der Fachbegriff lautet Coitus interruptus), umgangssprachlich auch „Aufpassen" genannt. Kurz vor dem Samenerguss wird der Penis aus der Scheide gezogen, damit sich die Samenflüssigkeit nicht in die Scheide ergießt. Im Rausch der Erregung wird der Moment meist verpasst und häufig tritt eine ungewollte Schwangerschaft ein.

Kondome schützen nicht nur vor einer ungewollten Schwangerschaft, sondern auch vor sexuell übertragbaren Krankheiten, wie AIDS, Tripper, Syphillis, Hepatitis und Pilzinfektionen.

Aufgabe

Üben Sie an entsprechenden Modellen den sicheren Gebrauch eines Kondoms.

7.2 Jugend und Suchtmittel

Die Ursachen warum Jugendliche zu Suchtmitteln greifen, können sehr vielfältig sein. Perspektivlosigkeit, Überforderung, Gruppenzwang, familiäre oder schulische Konflikte, Vereinsamung, Beziehungsstress usw. werfen Menschen manchmal aus der Bahn und sie flüchten sich in eine Sucht, die durchaus in Kriminalität enden kann.

Es wurde festgestellt, dass Jugendliche bereits häufiger und leider auch früher zu legalen und illegalen Drogen greifen.

Legale Drogen	Illegale Drogen
Alkohol	Halluzinogene, z. B. Marihuana
Nikotin	Opiate, z. B. Opium
	Chemische Drogen, z. B. Ecstasy

Um in einen Rausch zu gelangen, verwenden manche Jugendliche auch Schnüffelstoffe (z. B. aus Klebstoff), hochdosiertes Koffein oder Aufputschmittel. Fakt ist, dass alle genannten Mittel durch den Missbrauch früher oder später zu schweren Erkrankungen oder gar zum Tod führen. Sie führen zu einer körperlichen oder psychischen Abhängigkeit. Muss der Betroffene eine bestimmte Zeit ohne das Mittel auskommen, nach welchem er süchtig ist, so treten Entzugserscheinungen auf, die unterschiedlich stark und auch gefährlich sein können.

Körperliche Entzugserscheinungen

- innere Unruhe, Zittern, Schweißausbrüche
- Magenkrämpfe und Brechreiz
- Schwächeanfall, Gliederschmerzen
- Fieberschübe (massive Temperaturschwankungen) und Kreislaufprobleme
- lebensbedrohliche Krampfanfälle
- Bewusstseinsstörungen

Psychische Entzugserscheinungen

- innere Unruhe und Angstgefühle
- depressive Stimmungen, möglicherweise Selbstmordgedanken

Wichtig ist, dass der Betroffene sofort in ärztliche Behandlung kommt.

> Psychische Entzugssymptome können auch bei Erkrankten auftreten, die an einer drogenunabhängigen Sucht leiden, wie z. B. Spielsucht, Internetsucht usw.

Wie kann mit dem Problem umgegangen werden?

Das Thema darf keinesfalls ignoriert werden oder tabu sein. Am wirksamsten sind frühe und wiederholte Aufklärung und Information durch kompetente Ansprechpartner, wie Beratungslehrer, Drogenberatungsstellen, Drogenpräventionsprogramme der Polizei usw.

Bei betroffenen Jugendlichen sind Vorwürfe oder Vorverurteilungen meist fehl am Platz. Für sie muss schnellstmöglich Hilfe organisiert werden, da sie sich kaum allein aus dem Teufelskreis befreien können. Es verlangt auch den Angehörigen viel Geduld ab.

Nicht zuletzt können Erwachsene einen verantwortungsvollen Umgang mit Alkohol und Nikotin vorleben und zeigen, dass ein sinnerfülltes Leben mit Spaß und Freude dieser Mittel nicht bedarf.

Aufgaben

1. Laden Sie einen Vertreter eines Drogenpräventionsprogrammes ein, der Sie über alle Arten von Drogen, den Missbrauch und dessen Folgen informiert oder besuchen Sie eine Drogenberatungsstelle.
2. Erstellen Sie eine Liste von möglichen Ansprechpartnern und Beratungsstellen mit Adressen sowie Telefonnummern Ihres Heimatortes, bzw. Ihrer Region.

7.3 Interessante Freizeitgestaltung

Freizeit umfasst den Zeitraum, der außerhalb von Schule, Berufsausbildung oder Arbeit liegt und für individuelle Aktivitäten, die einem Menschen persönlich wichtig sind, frei verfügbar ist.
Sie ist wichtig, um einen Ausgleich zu schulischen und beruflichen Anforderungen zu schaffen.

Freizeit dient vor allem
- der körperlichen und seelischen Entspannung
- der Wiederherstellung der Leistungsfähigkeit
- der Persönlichkeitsentfaltung und der Selbstverwirklichung
- der Erhaltung der Gesundheit.

Es gibt sehr unterschiedliche Möglichkeiten, die Freizeit zu gestalten. Man kann sich intensiv der Familie widmen, Sport treiben, spielen, Unterhaltung durch Lesen, Musik hören, beim Tanzen usw. finden, Kontakte zu Freunden pflegen, Hobbys nachgehen, sich mit Kunst und Kultur beschäftigen oder einfach nur Ruhe und Erholung suchen.

Aufgaben

1. Schreiben Sie Ihre liebste(n) Freizeitbeschäftigung(en) auf größere Karteikarten und heften Sie diese an die Tafel.
2. Vergleichen Sie die Aufzeichnungen innerhalb der Klasse und ordnen Sie alle Nennungen folgenden Oberbegriffen zu
   - sportliche Aktivitäten
   - Kreativität
   - Kultur

   Diskutieren Sie Ihre Ergebnisse.

Die Freizeit sollte für den Jugendlichen interessant gestaltet sein und nicht durch Ansprüche oder Bevormundung zur Belastung werden. Verschiedene Angebote und die gemeinsame Suche nach einem passenden Ausgleich können für die Jugendlichen hilfreich sein. Nicht zuletzt sind die Möglichkeiten von den Wünschen und dem finanziellen Aufwand abhängig, den die Jugendlichen für ihre Freizeit aufbringen wollen und können.

So kann sich nicht jeder die Mitgliedschaft in einem Verein leisten, teure Sportgeräte, Bastelmaterial usw. zulegen oder alle Eintrittspreise bezahlen.

Es muss in solch einem Fall nach Alternativen gesucht werden, wie z. B. die Finanzierung eines Hobbys durch Jobben. Auch lohnt sich die Suche nach kostengünstigen, bzw. kostenfreien Lösungen.

Freizeitführer, Telefonbücher und das Internet können dabei hilfreich sein.

Aufgaben

1. Erstellen Sie eine Liste über Freizeitangebote Ihres Heimatortes.
2. Ordnen Sie diese nach dem finanziellen Aufwand.
3. Erarbeiten Sie in Gruppenarbeit einen Wochenplan für sieben Tage mit einem abwechslungsreichen Freizeitangebot für unten angegebenes Fallbeispiel und gehen Sie dabei von den Gegebenheiten in Ihrem Ort oder Umgebung aus:

   Sie sind eine Ferienwoche lang für die beiden Jugendlichen Thomas (14) und Anne (17) zuständig, da die Eltern verreisen. Beide sind sportlich. Das Mädchen liest und tanzt gern, während Thomas lieber ins Kino geht.
   Häufig treffen sich beide mit Freunden.
   Die Eltern wünschen, dass die Jugendlichen auch Zeit gemeinsam verbringen. Für die Freizeitgestaltung und Vergnügungen stehen 50,00 EUR zur Verfügung. Die Geschwister besitzen je eine Monatskarte für öffentliche Verkehrsmittel.

Falsch verstandene Freizeitgestaltung birgt Nachteile für die Gesundheit, denn Bewegungsmangel, zu langer Fernsehkonsum, übermäßiger Computergebrauch, wenig Abwechslung, Stress und Langeweile schaffen keinen Ausgleich oder Erholung.

8 Das Erwachsenenalter

Erwachsen sein, wie schön. Endlich alles tun dürfen und können, das sind die Vorstellungen und Träume im Kindesalter. Ist das aber wirklich so?

Aufgabe

Schreiben Sie auf Karten, was für Sie „Erwachsen sein" bedeutet und sprechen Sie mit Ihren Mitschülern darüber.

8.1 Leben im Erwachsenenalter

Als Erwachsene gelten Menschen zwischen dem 18. und 60. Lebensjahr. Das ist der längste Abschnitt im Leben eines Menschen. Mit dem 18. Lebensjahr übernimmt jeder Mensch volle Verantwortung für sein Tun. Er ist zu dieser Zeit meist gerade mit der Ausbildung fertig oder ist noch in der Ausbildung. Aus den ersten Freundschaften ist möglicherweise Liebe geworden und Überlegungen zu einer festen Bindung werden getroffen. Die eigene Wohnung wird eingerichtet, ein Kind wird geboren, an der weiteren beruflichen Zukunft wird gearbeitet und vieles mehr. All das heißt, sich in die Gesellschaft zu integrieren und das Leben in der zivilisierten Gesellschaft mitzugestalten. Das bedeutet auch, für sich selbst und andere Menschen Verantwortung zu übernehmen. Jeder Mensch trägt für sein Leben selbst Verantwortung, für sein Tun und für seinen Körper.

Aufgabe

Sammeln Sie Bildmaterial zum Thema „Gestaltung des Lebens".

8.1.1 Gesundheit, ein wichtiges Fundament

Um das Leben gut gestalten zu können, ist ein gesunder Körper von großer Bedeutung. Unsere zivilisierte Gesellschaft hat viele Fortschritte für die Menschen geschaffen, auch viel Gutes im Bereich der Medizin. Trotzdem gibt es viele Errungenschaften, die unserer Gesundheit nicht dienen.

Aufgaben

1. Lesen Sie folgenden Bericht von Frau Maier und finden Sie die Aussagen, die sich nicht positiv auf ihre Gesundheit auswirken.
2. Was können Sie Frau Maier raten, damit sie gesund bleibt?

Beispiel

Seit einer Woche habe ich eine neue Arbeit. Acht Stunden arbeite ich in dem neuen Büro an einem Computerarbeitsplatz. Mit meinem Auto bin ich in 15 Minuten da. Ein schicker Fahrstuhl fährt mich dann in die 1. Etage des Gebäudes. Genau gegenüber ist ein großer Supermarkt, in dem ich tolle Fertigprodukte kaufe. So spare ich mir die Arbeit in der Küche und habe mehr Zeit für die neuen Fernsehserien. Dabei lasse ich mich gern von Süßigkeiten verführen.

Was kann ein Erwachsener tun, um gesund zu bleiben?

Um gesund zu bleiben ist es wichtig, den Körper mit all dem zu versorgen, was er benötigt. Das ist in erster Linie eine ausgewogene und gesunde Ernährung, Bewegung an frischer Luft und ausreichend Schlaf, um den Körper zu regenerieren. Um etwas für das seelische Gleichgewicht zu tun, darf der Blick für die Schönheit der Natur nicht verloren gehen und wie es die Kinder tun, sollten die Jahreszeiten bewusst erlebt werden. Auch graue und finstere Monate können schön sein, wenn der Mensch sich darauf einstellt und das Schöne darin sucht. Neben einer gesunden Lebensart ist es für den Erwachsenen auch wichtig, entsprechend seines Alters Vorsorgeuntersuchungen durchführen zu lassen. Dazu gehören z. B. die wichtigen Krebsvorsorgeuntersuchungen. Grippeschutzimpfungen schützen vor einer gefährlichen Virusgrippe. Auch jährliche Besuche beim Zahnarzt sind von großer Bedeutung.

Zum „Fit bleiben" gehört auch beim Erwachsenen der Sport. Dieser ist in erster Linie als Ausgleich für die täglichen körperlichen und geistigen Belastungen zu suchen. Ausgleich kann z. B. Schwimmen, Fahrradfahren, Yoga, Wandern usw. sein.

8.2 Zivilisationskrankheiten

Der Begriff „Zivilisationskrankheit" ist unter **Wissenschaftlern** umstritten. Die Errungenschaften der Zivilisation, allen voran eine verbesserte Hygiene, medizinische Fortschritte (z. B. Impfungen) sowie eine gesicherte Nahrungsaufnahme haben dazu geführt, dass einige Krankheiten verschwunden sind. Andererseits sind durch neue Lebensstile und Umwelteinflüsse neue Krankheiten entstanden, die als Zivilisationskrankheiten bezeichnet werden.

Aufgabe

Finden Sie auf den Fotos Aussagen, die den zivilisierten Lebensstil darstellen und leiten Sie Ursachen für Erkrankungen ab.

„Was macht den Menschen krank?" – Häufig auftretende Zivilisationskrankheiten und deren Ursachen:

Herz- und Gefäßerkrankungen	– zu viel und zu fette Nahrung, – zu hohe Cholesterinaufnahme, Rauchen, – Bewegungsmangel
Stoffwechselerkrankung Diabetes mellitus Typ 2	– Erbliche Veranlagung, – Übergewicht durch fettreiche und zuckerreiche Nahrung, Bewegungsmangel
Übergewicht	– zu hohe Energieaufnahme, – zu viel Alkohol, Bewegungsmangel
Gicht	– zu viele Purine in der Nahrung, – vor allem durch hohen Fleisch- und Alkoholkonsum
Allergien	– Übertriebene Hygiene, – Geschmacksverstärker, – andere Umwelteinflüsse

8.2.1 Herz- und Gefäßerkrankungen

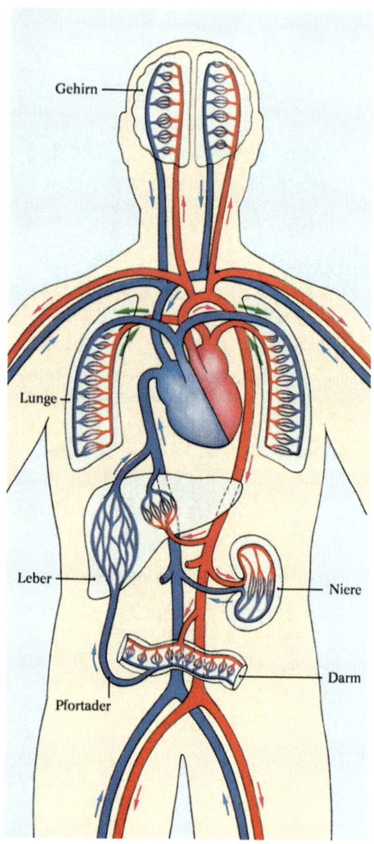

Das Blut ist ein flüssiges Gewebe im Körper des Menschen. Durch Röhrennetze, **den Blutgefäßen**, gelangt es in alle Organe bis in die äußersten Teile des Körpers. Durch das Blut wird unser Körper mit Sauerstoff und allen Nährstoffen versorgt, schädliche Abfallprodukte werden beseitigt. Um durch den Körper fließen zu können, benötigt es eine Pumpe, das Herz. Die Blutgefäße, die vom Herzen wegführen, transportieren das sauerstoffreiche Blut, sie werden Arterien genannt. Die Blutgefäße, die das verbrauchte Blut wieder zum Herzen führen, nennt man Venen. Damit das Blut in den Venen auch trotz des entgegen gesetzten Schwerpunktes fließen kann, sind die Venen mit Venenklappen ausgestattet.

Das Herz ist ein leistungsstarker Muskel, der Tag und Nacht ununterbrochen das Blut durch die Gefäße pumpt. Bei einer normalen Schlagkraft von 70 Schlägen pro Minute befördert das Herz 4900 ml Blut pro Minute und das ein Leben lang.

Kommt es zu Störungen im Gefäßsystem, kann es zu **Erkrankungen** wie Arteriosklerose, Bluthochdruck, Thrombose, Krampfadern oder in schlimmen Fällen zu einem Infarkt kommen.

> Durch anhaltend **hohen Blutdruck** kommt es zu Veränderungen an den Blutgefäßen, die ihre Elastizität verlieren.

Folgende **Beschwerden** können auf Bluthochdruck hinweisen:
- Hitze- und Schweißausbrüche
- Kopfschmerzen
- Atemnot
- Schwindel
- Nasenbluten
- Schlafstörungen
- Ohrensausen
- Herzbeschwerden

Ursachen für zu hohen Blutdruck:

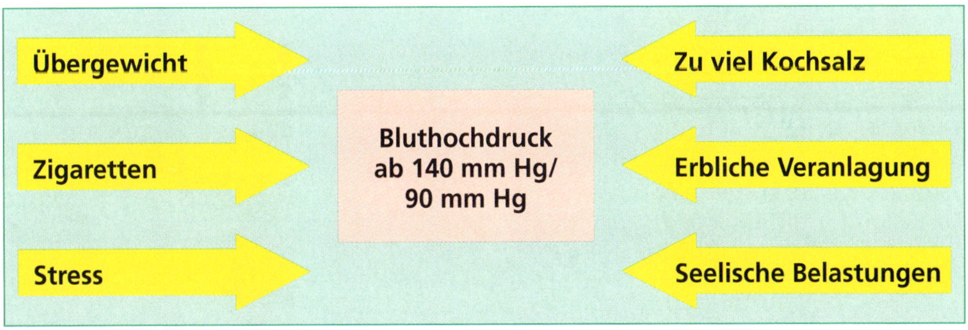

Verhalten bei zu hohem Blutdruck

Wichtig ist, dass bei zu hohem Blutdruck der Arzt aufgesucht wird. Dieser entscheidet, ob eine Einstellung auf Medikamente notwendig ist. Oft reicht es, an der Beseitigung der Ursachen des Bluthochdrucks zu arbeiten und das Gewicht zu senken. Dabei muss in den meisten Fällen die Lebensweise überdacht werden.

1. Die Ernährung

Eine energie- und salzarme Kost ist Grundlage für eine Senkung des Blutdrucks. Speisen sollten durch Kräuter und Gewürze ihren Geschmack verfeinern, dabei sollte der Salzstreuer vom Tisch. Alkohol sollte nur mäßig genossen werden, d. h. 1 Glas ist nicht verboten. Zu bedenken ist, dass der Energiegehalt hoch ist: 1 g Alkohol liefert ca. 29,4 kJ oder eine große Flasche Bier entspricht zwei Brötchen.

Koffeinhaltige Getränke sollten nicht zu oft und zu stark getrunken werden. Nikotin wirkt gefäßverengend und fördert somit den Bluthochdruck, daher sollte lieber ganz darauf verzichtet werden.

2. Die Bewegung

Bewegung stärkt die Muskulatur und die Blutgefäße. Dadurch können Ablagerungen an Gelenken vermieden werden. Ausdauersportarten wie Radfahren, Schwimmen, Laufen, aber auch Gartenarbeit sind ein Ausgleich für fehlende sportliche Bewegung. Außerdem verbrennt der Körper mehr Energie und es kommt so zur Gewichtsreduzierung.

3. Stress und seelisches Gleichgewicht

Bei Stress und seelischen Belastungen steigt der Blutdruck. Entspannung ist daher wichtig. Autogenes Training, Yoga oder Atemübungen können hilfreich sein. Eine gesunde Tageseinteilung, ausreichend Schlaf und Harmonie in der Familie sind von großer Bedeutung. Auch regelmäßige Erholung an frischer Luft baut Stress ab.

Aufgabe

Gestalten Sie ein Rollenspiel, bei dem Sie eine Person, in deren Haushalt Sie arbeiten, über richtiges Verhalten bei Bluthochdruck informieren. Beachten Sie dabei Ihre Aufgabe als Hauswirtschaftstechnische(r) Helfer(in).

Durch zu hohen Blutdruck steigt auch der Risikofaktor für eine Arteriosklerose. Hier kommt es zu einer Verdickung oder Verhärtung der Arterienwände. Ursache dafür ist die Ablagerung von Blutfett, das allmählich zu einer Verkalkung der Gefäßinnenwände führt. Kommt es zu einem Verschluss, entsteht ein lebensbedrohlicher Infarkt. Entsteht dieser Infarkt im Herzen, ist es ein Herzinfarkt, entsteht er im Gehirn, so führt dies zu einem Schlaganfall.

Bei einem **Herzinfarkt** zählt jede Minute. 20 Prozent der Fälle führen zum Tod. Daher entscheidet schnelles und richtiges Verhalten oft über das Schicksal der betroffenen Person. **Vorboten** eines Infarktes können Schmerzen im Brustbein bei Belastung sein, starke Müdigkeit und Unruhe sowie Druck und Beklemmungsgefühle hinter dem Brustbein. Hier sollte sofort ein Arzt aufgesucht werden.

Treten nachfolgende **Symptome** länger als 15 Minuten auf, sollte sofort ein Notarzt gerufen werden.

- starker Schmerz hinter dem Brustbein
- kalter Schweiß
- Übelkeit, Unruhe/Angst

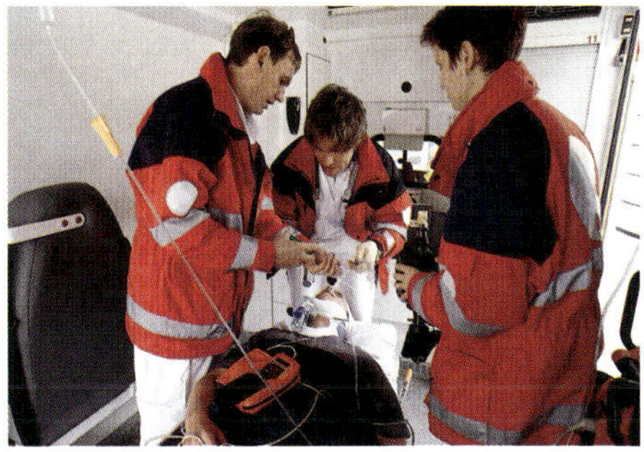

Erste Hilfe bei Verdacht auf Herzinfarkt

- die Person bequem lagern, der Oberkörper sollte erhöht sein
- sofort den Notarzt rufen (Notrufnummer 112)
- Fenster öffnen
- beengende Kleidungsstücke lockern
- die betreffende Person nicht allein lassen, sie beruhigen

Verhalten nach einem Infarkt

Aufgabe

Finden Sie selbst Regeln für das Leben nach einem Infarkt.

8.2.2 *Diabetes mellitus*

Diabetes – der Kampf mit dem Insulin

„Der menschliche Körper benötigt für alle Betätigungen und Vorgänge Energie. Diese Energie wird ihm in Form von Nahrung, d. h. über die energieliefernden Nährstoffe zugeführt. Im Magen und oberen Dünndarm werden diese Stoffe dann in immer kleiner werdende Bausteine „zerlegt", bis sie an ihr Ziel gelangen können. Die verschiedenen **Kohlenhydrate** beispielsweise, die man auch als Zuckerstoffe bezeichnen kann, werden schließlich alle im Verdauungstrakt in Einzelzucker (überwiegend Glukose, z. T. auch Fruktose und Galaktose) aufgespalten. Für den Transport von der Darmwand in die Zelle über die Blutbahn ist jedoch das Hormon **Insulin** notwendig, das der Glukose sozusagen die Tür öffnet. Dementsprechend **senkt Insulin den Blutzuckerspiegel**, indem es die Körperzellen für den Blutzucker durchlässig macht, sodass er einströmen und dort zur Energiegewinnung abgebaut werden kann."
(Ruhland, Dr. Bernd: Ärztlicher Ratgeber Diabetes – Bescheid wissen, besser leben, 14. Auflage, Stuttgart, Hitzel Verlag, 2004, S. 15)

Diabetes ist eine Stoffwechselerkrankung, bei der kein oder zu wenig Insulin produziert wird. Es gibt verschiedene Formen. Die wichtigsten und bekanntesten sind der Typ 1- und der Typ 2-Diabetes. Diese beiden Diabetesformen unterscheiden sich erheblich in den Ursachen und auch in der Behandlung.

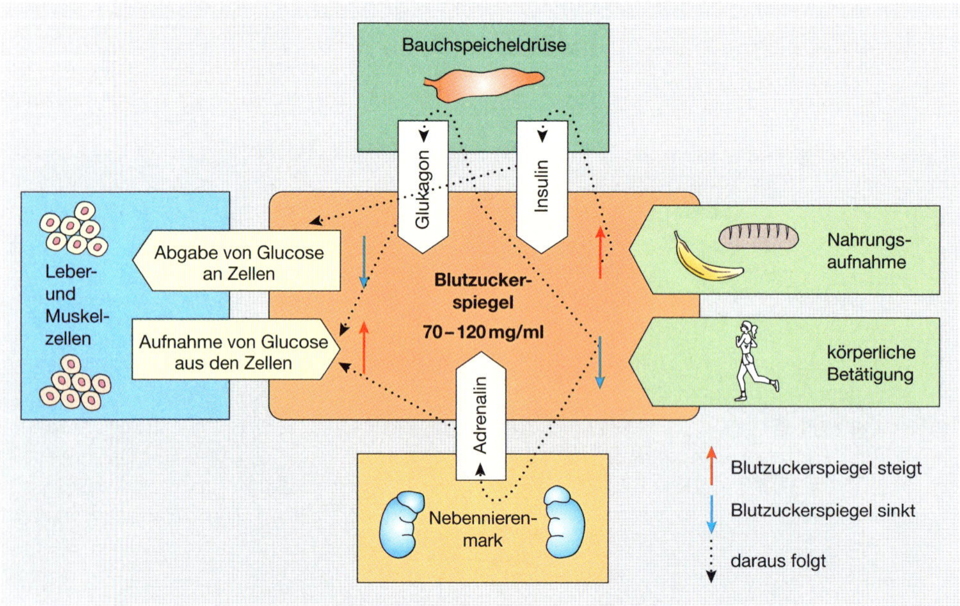

Typ 1-Diabetes ist auf eine Erkrankung des Immunsystems zurückzuführen. Eine Ursache kann eine Infektion durch Viren, z. B. bei Grippe, Röteln oder Mumps, sein. Durch diese Viren wurde die Bauchspeicheldrüse so geschädigt, dass sie kein Insulin mehr produzieren kann. Hier muss Insulin von außen durch Spritzen zugeführt werden.

Typ 2-Diabetes (auch „Altersdiabetes" genannt) kann durch eine Insulinresistenz, die durch Übergewicht und Fehlernährung begleitet wird, entstehen. Eine weitere Ursache ist Bewegungsmangel, denn körperliche Aktivität erhöht die Insulinwirkung.

Aufgabe

Erarbeiten Sie sich zu nachfolgender Position in der Gruppe einen Standpunkt.
„Diabetes Typ 2 ist eine Zivilisationskrankheit"

Risikofaktoren für den Typ 2-Diabetes können sein:

- Alter über 45 Jahre
- Fettstoffwechselstörungen
- Übergewicht (BMI ab 25 kg/m²)
- erbliche Veranlagungen
- Übergewicht
- Bluthochdruck
- Erkrankung großer Blutgefäße

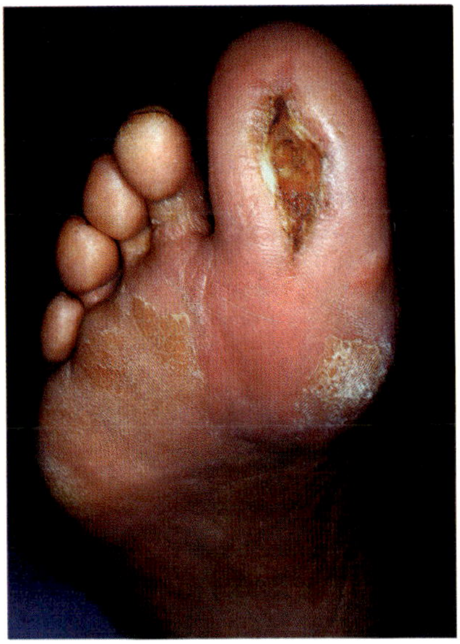

Folgeschäden des Diabetes können z. B. sein:

- Durchblutungsstörungen an den Füßen
  → offener Fuß
- Durchblutungsstörungen in den Arterien
  → Arteriosklerose
- Durchblutungsstörungen im Gehirn
  → Schlaganfall
- Durchblutungsstörungen im Herzen
  → Herzinfarkt

Weitere Schäden können in den kleinen Blutgefäßen auftreten. Dies betrifft besonders die Augen und die Nieren. Nach jahrelangem, nicht richtig behandelten Diabetes mit zu hohen Blutzuckerwerten können Betroffene erblinden oder schwere Nierenschäden bekommen.

Die Betreuung eines Diabetikers

Wichtig bei der Betreuung eines Diabetikers ist es, dass der Stoffwechsel regelmäßig kontrolliert wird. Hierbei sollten die regelmäßigen Arztbesuche und Einhaltung der Hinweise des Arztes beachtet werden, da je nach Ausprägung die Behandlung unterschiedlich ist.

Behandlungsarten

- Nur mit Diät – über die Ernährung – behandelte Personen
- Mit Diät und Tabletten behandelte Personen
- Mit Diät, Insulin und Tabletten behandelte Personen

Wichtig ist in allen Fällen die **Kontrolle** des Blutzuckers. Dazu gibt es in der Apotheke entsprechende Hilfsmittel, die Blutzuckermessgeräte.

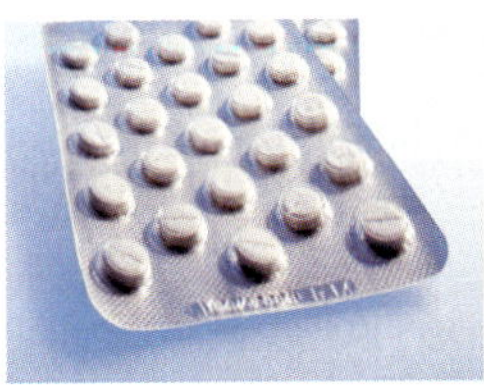

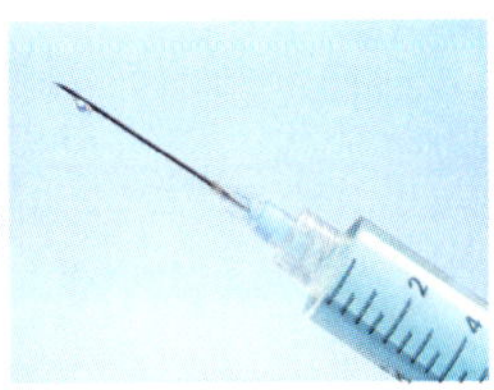

Die richtige **Ernährung** – „Gesunde Kost statt Diät"
Grundlage einer richtigen Kost ist die kaloriengerechte Ernährung, die auch gleichfalls die Ernährung zur Verhinderung eines Typ 2-Diabetes ist. Dabei sollte die Aufteilung der Kalorien (Energiemenge) aus ca. 50 % Kohlenhydraten, ca. 30 % aus Fett und aus ca. 20 % Eiweiß bestehen. Im Vordergrund steht allerdings eine auf Gesamtkalorien berechnete Reduktionskost, bei der eine gewisse Menge an Kalorien nicht überschritten werden darf (z.B. 1200 kcal).

Gemieden werden sollten auf jeden Fall gesüßte Getränke und Zucker. Dabei rechnet der Diabetiker die Kohlenhydrate über Broteinheiten (BE) oder Kohlenhydratportionen (PE) ab. 10 bis 12g Kohlenhydrate entsprechen jeweils einer Einheit. Durch den Arzt in der Diabetikersprechstunde erhält der Betroffene genaue Informationen über die zu verzehrenden Broteinheiten. Eine Broteinheit entspricht etwa einer dünnen Scheibe Brot, 250 g Joghurt oder einem mittelgroßem Apfel.

Weiterhin sollten Sie bemüht sein, die zu betreuenden Personen zur **Bewegung** anzuhalten. Dies kann je nach Alter und Beweglichkeit unterschiedlich sein. Außerdem sollte auf eine regelmäßige Fußkontrolle geachtet werden und bei der Nagelpflege muss besonders sorgfältig gearbeitet werden, Verletzungen sind unbedingt zu vermeiden.

Aufgabe

Erarbeiten Sie Vorschläge:
- Bewegung für jüngere Erwachsene mit guter Beweglichkeit
- Bewegung für Personen mit körperlichen Beeinträchtigungen

8.2.3 Gicht

Die Gicht gehört wie der Diabetes zu den Stoffwechselkrankheiten. Die Harnsäure ist das Endprodukt des Stoffwechsels der Purine. Sie sind lebensnotwendiger Bestandteil der menschlichen Zellen. Aber auch jede tierische und pflanzliche Zelle enthält Purine. So können die menschlichen Zellen ihre Purine selbst bilden, nehmen sie aber auch über die Nahrung auf.

Die Harnsäure wird normalerweise über die Nieren ausgeschieden. Liegt eine Schwäche in dem Ausscheidungsmechanismus der Niere vor, kommt es in Form von Kristallen zu Ablagerungen der Harnsäure in den Gelenken und Weichteilen. Aber auch eine überhöhte Aufnahme von purinhaltigen Lebensmitteln kann dazu führen. Rechtzeitig kann eine mögliche Erkrankung durch Messung der Harnsäurewerte durch den Arzt festgestellt werden. Bei den meisten Kranken beginnt die Gicht mit Schmerzen im Grundgelenk der beiden großen Zehen.

Mögliche **Ursachen** können Veranlagung, Überernährung, zu wenig Bewegung und zu viel Alkohol sein.

Bei der Gicht unterscheidet man drei Krankheitsstadien:

1. Stadium: Es werden erhöhte Harnsäurewerte im Blut festgestellt.

2. Stadium: Es kommt zu einem ersten akuten Gichtanfall (die betroffenen Gelenke schmerzen, sind gerötet und geschwollen).

3. Stadium: Es treten chronische Entzündungen auf, die Gelenke verformen sich.

Grundsätze für richtige Lebensweise bei Gicht

Reichlich (2 l) nichtalkoholische Getränke

Verringerung der Harnstoffzufuhr (Purine)

Normalisierung des Körpergewichts

Senkung des Alkoholkonsums

Wichtig ist wie bei vielen Erkrankungen die richtige Ernährung. Bei Gicht muss insbesondere auf die Purine geachtet werden. Eine strenge purinarme Diät von 300 mg Harnsäure pro Tag und wöchentlich maximal 2000 mg wäre am wirksamsten.

Purinreiche Lebensmittel sind Innereien, Fleisch, Fisch, Hülsenfrüchte, aber auch Rosenkohl und Brokkoli.

Purinarme Lebensmittel sind Obst und Obstsäfte, Milch und Milchprodukte, Kartoffeln und Gemüse (außer Hülsenfrüchte und Kohl).

Purinfrei sind Weißmehl und geschälter Reis (die Randschichten des Getreidekorns enthalten auch Purine). Haushaltszucker, Butter, Margarine, Pflanzenöl und Eier enthalten ebenfalls kein Purin.

Einige ausgewählte Lebensmittel in Bezug auf Harnsäuregehalt

Lebensmittel	Portion in Gramm	Harnsäure pro Portion	Getränke	Portion in ml	Harnsäure pro Portion
Brötchen	45	18	Apfelsaft	100	8
Mischbrot	50	22	Bohnenkaffee	125	0
Joghurt	150	0	Cola	100	20
Gouda	50	8	Tee	125	0
Äpfel	100	15	Pils	330	33
Erdbeeren	150	37	Wein	200	0
Blumenkohl	150	68	Weißbier	500	75
Kopfsalat	30	3	Tomatensaft	100	5

8.2.4 Allergien

Unter einer Allergie versteht man eine übersteigerte Reaktion des Immunsystems auf bestimmte Stoffe, die sogenannten **Allergene**. Häufig spricht man dabei auch von einer Überempfindlichkeit.

Das Abwehrsystem des Menschen schützt vor Schadstoffen und Krankheitserregern. Auch gegenüber unschädlichen Fremdstoffen reagiert es mit einer abgeschwächten Abwehrreaktion. Bei einer Allergie wird die Reaktion gegenüber diesen harmlosen Stoffen nicht gedrosselt, sondern findet in einer überschießenden, nicht angemessenen Stärke statt. Grundsätzlich kann jeder Stoff aus der Umwelt zum Allergieauslöser werden. Dabei kann es sich um Pflanzenstoffe, Tierprodukte, aber auch Metalle oder Chemikalien handeln.

Aufgabe

Betrachten Sie die Bilder und finden Sie Allergieauslöser.

Ursachen von immer häufigerem Auftreten von Allergien werden in der ständig steigenden Belastung von Fremdstoffen in der Umwelt, aber auch durch veränderte Lebens- und Ernährungsgewohnheiten der Menschen gesehen. Wissenschaftler führen das gehäufte Auftreten von Allergien auch auf eine übertriebene Hygiene in den ersten Lebensjahren von Kindern zurück. So leiden Stadtkinder 15-mal häufiger an Allergien als Kinder, die auf einem Bauernhof schon frühzeitig Einflüssen von Gras-, Getreide- und Baumpollen sowie Tierhaaren oder Tierausscheidungen ausgesetzt waren.
Allergien werden in verschiedene **Formen** eingeteilt. Eine im Alltag gebräuchliche Form ist die Einteilung nach dem jeweiligen Aufnahmemechanismus. So unterscheiden wir folgende Formen:

- **Inhalations-Allergie:** durch das Einatmen von Allergenen in Staubform, z. B. Pollen, Hausstaub
- **Nahrungsmittel-Allergie:** durch den Verzehr von allergenhaltigen Nahrungsmitteln, z. B. Erdbeeren

- **Arzneimittel-Allergie:** als Reaktion auf bestimmte Medikamente, z. B. Penicillin
- **Insektengift-Allergie:** nach Insektenstichen, z. B. Bienen
- **Kontakt-Allergie:** durch Hautkontakt mit Allergenen, z. B. Nickel oder Kosmetika

Wie kann einer Allergie vorgebeugt werden?

Erster Schritt, einer allergischen Reaktion vorzubeugen, ist es, möglichst den Kontakt zu den entsprechenden Allergenen zu vermeiden. Sind ein oder mehrere Allergene genau identifiziert, so stellt der Arzt einen Allergiepass aus. In diesem sind alle auslösenden Stoffe aufgeführt und es wird beschrieben, worin diese enthalten sind. Vor allem Allergiker die bereits ernsthafte Komplikationen erlitten haben, sollten diesen Pass und Notfallmedikamente immer bei sich führen.

Allergiker sollten grundsätzlich nicht rauchen, weder aktiv noch passiv, und auf zusatzstofffreie Lebensmittel achten. Säuglinge, deren Eltern an einer Allergie erkrankt sind, sollten – wenn möglich – mindestens bis zum sechsten Monat gestillt werden, um die Entwicklung einer Allergie möglichst hinauszuschieben.

Die Ausübung von Berufen wie z. B. Reinigungskraft, Pflegepersonal oder Friseur sollte vermieden werden, weil diese das Entstehen oder Verschlechtern einer Allergie begünstigen. Durch spezielle Pflege kann der Säureschutzmantel der Haut gestärkt werden. Spezielle Produkte mit Inhaltsstoffen wie Dexpanthenol, Sanddorn oder Aloe Vera können hilfreich sein.

8.3 Große Angst vor Krebs

Beispiel

Wolfram S., 48 Jahre:
Klagt häufig über Kopfschmerzen und Nackenbeschwerden. „Werde doch mal zum Arzt gehen müssen", erzählt er seinen Freunden. Dort wird er gründlich untersucht und man stellt im Kopf Metastasen fest. Wo ist aber der Auslöser? Viele Untersuchungen finden statt. Man entdeckt einen Tumor in der Lunge und einen weiteren in den Halswirbeln. Der Tumor liegt so ungünstig, dass er nicht operiert werden kann. Die Ärzte versuchen mit Chemotherapie den Tumor am Wachsen zu hindern. Ein halbes Jahr kämpft er gegen die Schmerzen, aber jegliche Hilfe kommt zu spät.

Angela B., 52 Jahre:
Plötzliche Bauchschmerzen drängen sie zum Arzt. Ein Tumor im Unterleib wird entdeckt. Durch eine Operation wird der Tumor entfernt. Damit eventuelle Metastasen zerstört werden, folgt eine Chemotherapie. Alles ist sehr anstrengend, die Haare fallen aus, aber Angela lässt sich nicht unterkriegen. Heute geht sie ihrer Arbeit wieder nach, hat Freude an ihren Kindern und Enkeln.

Aufgabe

Tauschen Sie Ihre Gedanken zu den zwei Beispielen aus. Vielleicht möchten Sie auch über eigene Erfahrungen sprechen.

Krebs ist eine Erkrankung der Zellen. Bösartige (maligne) Neubildungen – also Krebs – bestehen aus entarteten Zellen, die anders aussehen als „normale" Zellen, sich anders und schneller teilen und das gesunde Gewebe zerstören. Sie wandern von ihrem Ursprungsort aus über das Blut oder das Lymphsystem in andere Organe und vermehren sich dort als Tochtergeschwülste (Metastasen) weiter. Durch die ungesteuerte Ansammlung von Zellen entstehen die sogenannten Tumore. Es wird nach **gutartigen** und **bösartigen Tumoren** unterschieden. Gutartige Tumore wachsen nicht in gesunde Organe hinein. Vorsicht gilt hier aber auch, da diese durch ihre Größe anderes Gewebe verdrängen können. Bösartige Tumore wachsen in das umgebende Gewebe hinein und zerstören es. Sie wachsen sehr schnell.

Bösartiges Zellwachstum

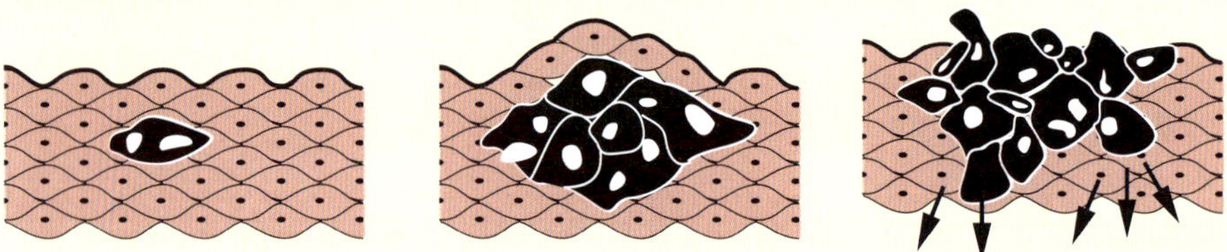

Auftreten bösartiger Zellen im Gewebe

Wucherung der Krebszellen, dies zerstört das Nachbargewebe

Metastasenbildung: Krebszellen bilden ein Geschwür und brechen in Blut- und Lymphgefäße ein

Gutartiges Zellwachstum

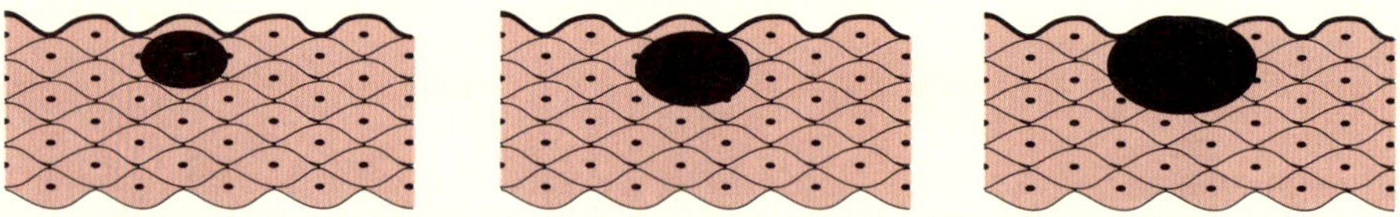

Entstehung einer kleinen Geschwulst

Vermehrung durch Zellteilung, die Geschwulst wird größer

Vom umgebenden Gewebe abgegrenzte Geschwulst

Ursachen von Krebs

Trotz intensiver Forschung sind die meisten Ursachen für Krebs noch nicht bekannt. Innere Einflüsse wie erbliche Vorbelastungen, ein geschwächtes Abwehrsystem und starke psychische Belastungen können den Körper schwächen und die Ausbreitung der Krebszellen erleichtern. Aber auch äußere Bedingungen können Krebs hervorrufen:
- Übermäßige Sonnenbestrahlung → Hautkrebs
- Radioaktive Strahlung → Leukämie (Blutkrebs)
- Rauchen → Lungenkrebs
- Chemische Substanzen in der Umwelt und in der Nahrung → z. B. Magen- und Darmkrebs

Weitere häufige Krebserkrankungen treten auf an: Brust, Leber, Galle, Eierstöcken, Knochenmark, Bauchspeicheldrüse, Speiseröhre, Hoden, Prostata.

Früherkennung kann Leben retten

Durch regelmäßige Kontrolle kann Krebs rechtzeitig erkannt werden, sodass er entfernt werden kann, bevor er Metastasen bildet und sich ausbreitet.

Viele Krebspatienten können heute geheilt werden, wenn die Behandlung frühzeitig beginnt. Aus diesem Grund sollten die empfohlenen **Vorsorgeuntersuchungen** wahrgenommen werden.

Vorsorgeuntersuchungen sind:

- Gynäkologische Untersuchungen des Gebärmutterhalses und der Brust (ab dem 20. Lebensjahr jährlich)
- Mammografie (Röntgenuntersuchung der Brust) bei Frauen ab dem 50. bis zum 69. Lebensjahr alle zwei Jahre
- Stuhluntersuchung auf verstecktes Blut bei Männern und Frauen ab dem 40. Lebensjahr
- Untersuchung des Mastdarmes bei Männern und Frauen ab dem 50. Lebensjahr
- Beobachtung von Hautveränderungen und Muttermalen durch den Hautarzt
- Prostatauntersuchung bei Männern ab dem 45. Lebensjahr

Aufgabe

Viele Krebserkrankungen haben ihre Ursache in der Lebensweise des Menschen. Beschreiben Sie Lebensgewohnheiten, die eine Krebserkrankung fördern können.

Behandlung von Krebs

Die Behandlung einer Krebserkrankung richtet sich nach der Art des Tumors und der Ausbreitung der Erkrankung.

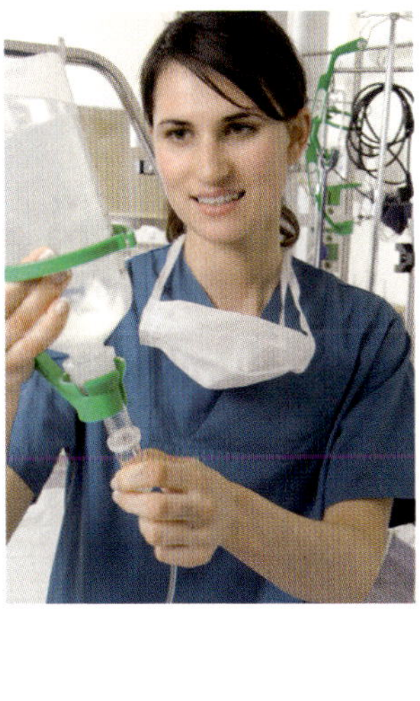

Bei einem rechtzeitig erkannten Krebs, der noch keine Metastasen gebildet hat, kann der Tumor meist vollständig durch eine **Operation** entfernt werden. Um sicherzugehen, dass keine Krebszellen zurückbleiben, muss auch umliegendes gesundes Gewebe entfernt werden. Krebszellen die nach einer Operation verbleiben, versucht man mit Bestrahlung oder Chemotherapie zu zerstören. Durch **Bestrahlung** ist es möglich, die Vermehrung von Krebszellen zu hemmen. Die Bestrahlung schmerzt nicht, zerstört aber auch gesundes Gewebe (z. B. der Haut, Schleimhäute und Haare). Bei einer **Chemotherapie** wird durch Zellgifte der normale Eiweißstoffwechsel der Zellen zerstört. Daher werden nicht nur Krebszellen, sondern auch gesunde Zellen und die körperliche Abwehr stark geschädigt. Viele Patienten leiden bei einer Chemotherapie unter Überkeit und Erbrechen. Während der Behandlung fallen den meisten Erkrankten die Haare aus, sie wachsen jedoch nach Abschluss der Chemotherapie wieder nach. Damit der Körper eine eigene aktive Abwehr gegen den Tumor einsetzen kann, wird daher heute eine zusätzliche Immuntherapie angewendet.

Eine Behandlung mit Mistelextrakten kann die körperliche Abwehr unterstützen. Eine sichere Wirkung der Behandlung konnte bisher nicht nachgewiesen werden. Viele Patienten haben aber ein besseres Allgemeinbefinden und eine gesteigerte Lebensqualität.

Was sollte bei Nebenwirkungen beachtet und getan werden?

- Regelmäßig kleinere Mahlzeiten bevorzugen (leicht verdauliche Früchte, Säfte und Milchprodukte)
- Die Mahlzeiten in angenehmer Umgebung einnehmen
- Regelmäßige Entspannung und Bewegung an frischer Luft
- Regelmäßige Ruhepausen und ausreichend Schlaf
- Milde Hautpflege, besonderer Schutz der Haut, bestrahlte Hautpartien dürfen einige Zeit nicht gewaschen werden
- Vorsicht bei Infektionen
- Bei Haarverlust sollte zu einer Perücke geraten werden, um das Selbstwertgefühl zu stärken

8.4 Häusliche Krankenpflege

Ist ein Kranker über längere Zeit zu Hause zu pflegen, sollte die Umgebung so gestaltet werden, dass sich der Kranke wohlfühlt und die Pflegemaßnahmen günstig durchgeführt werden können. Ein freundlich eingerichtetes **Krankenzimmer** ist dabei wichtig. Das Bett des Kranken sollte so stehen, dass er in das Zimmer hineinsieht und nicht direkt auf die Fensterfront. So kann er von der Sonne und dem Licht nicht geblendet werden. Günstig ist es, wenn das Bett parallel zum Raum steht. Der Kranke kann so aus dem Fenster schauen, hat aber auch den Raum im Blick. Wenn möglich, ist auch ein Blick zur Tür günstig. Damit erhält die zu pflegende Person mehr Sicherheit. Ein gut zugängliches Bett erleichtert die Pflegemaßnahmen. Das Zimmer muss gut zu lüften sein, denn Frischluft ist für jeden Kranken wichtig, wobei er keine Zugluft bekommen darf. Die Zimmertemperatur sollte 18 ° bis 20 °C betragen. Weiterhin sollte der Raum so gestaltet sein, dass er durch angenehme Farben, Bilder und schöne Blumen (die nicht duften) angenehm auf den Kranken wirkt. Ein kleiner Beistelltisch neben dem Bett kann zur Ablage von Büchern, einem Radio oder Getränken dienen. Dadurch kann der Kranke sich auch selbst beschäftigen und bedienen. Auch ein kleiner Fernseher ermöglicht dem Kranken den Kontakt zur Außenwelt.

Bei einer längeren Pflege eignet sich das private Bett nicht. Es können dann spezielle Krankenbetten ausgeliehen werden. Das **Krankenbett** sollte höhenverstellbar bzw. 60 cm hoch sein und eine feste Matratze haben. Kopf- und Fußenden sollten verstellbar sein, damit es den individuellen Bedürfnissen des Kranken angepasst werden kann. Ein flaches Kopfkissen und eine leichte Decke oder Steppdecke werden weiterhin benötigt. Es sollte sichergestellt werden, dass der Kranke nicht zu warm und mit einer zu schweren Decke zugedeckt wird. Besonders bei Fieber ist darauf zu achten, dass Bettwäsche und Schlafsachen täglich gewechselt werden.

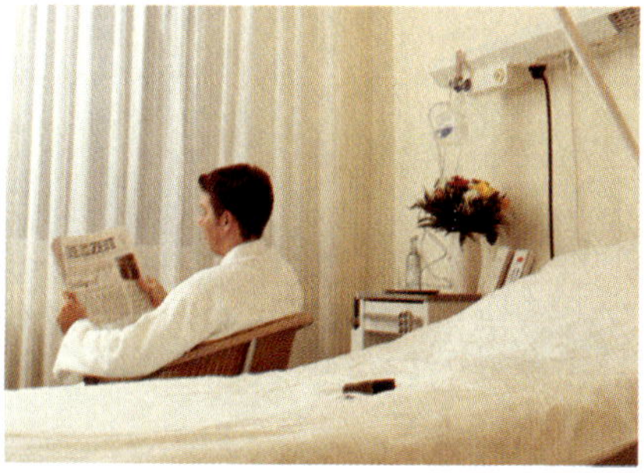

Wechseln des Bettlakens

Beim Wechseln des Bettlakens bei Personen, die nicht aufstehen und sitzen können, wird das Laken **von der Seite** gewechselt. Dabei ist auf Folgendes zu achten:

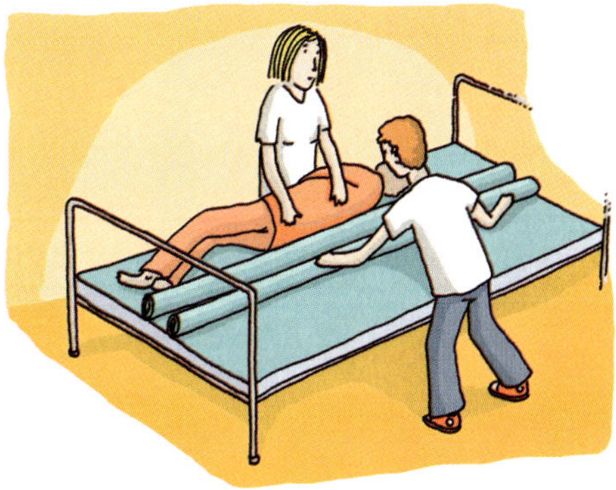

1. Frisches Bettlaken mit Stecklaken der Länge nach einrollen.
2. Benutztes Stecklaken lösen.
3. Der Erkrankte wird auf die Seite gedreht, auf seiner Rückseite das benutzte Bettlaken entfernt und gleichzeitig das saubere Laken aufgerollt.
4. Der Erkrankte wird über die beiden Lakenrollen auf die andere Seite gedreht.
5. Das benutzte Bettlaken kann nun entfernt werden und das frische Laken wird ausgerollt.
6. Der Erkrankte wird auf den Rücken gelegt.
7. Bettlaken und Stecklaken werden gespannt und befestigt.

Kann der Erkrankte sitzen, so kann das Bettlaken **von oben** gewechselt werden.
1. Der Erkrankte setzt sich aufrecht hin.
2. Das Bettlaken wird von oben von der Matratze gelöst und bis zum Gesäß aufgerollt.
3. Das frische Bettlaken wird auf die Matratze bis auf Gesäßhöhe aufgezogen.
4. Der Erkrankte legt sich nun wieder hin. Er hebt das Gesäß, damit das Bettlaken entfernt werden kann.
5. Das frische Bettlaken wird unter dem Gesäß durchgezogen und über die Matratze gespannt.
6. Das Kopfkissen aufschütteln, Kopfteil bequem einstellen.

Bei der **häuslichen Pflege** kann meist besser auf die Bedürfnisse und Gewohnheiten des Kranken eingegangen werden. Für den Pflegenden bedeutet dies aber auch, die Pflege zu organisieren und persönlichen Einsatz und Geduld aufzubringen. Wichtig ist, dass die zu pflegende Person in die Maßnahmen miteinbezogen wird und der Pflegende alle Schritte erklärt. Dabei müssen eigene Fähigkeiten des Kranken genutzt werden. Oberstes Prinzip ist das Erhalten und Fördern der Selbstständigkeit, wobei es zu keiner Überforderung kommen darf. Vor den einzelnen Pflegetätigkeiten müssen die Pflegegegenstände bereitgestellt werden. Die Pflege muss dann in der richtigen Reihenfolge und entsprechend der Situation durchgeführt werden.

Aufgabe

„Pflegemaßnahmen am Morgen"
- Tauschen Sie Ihre Erfahrungen zu diesem Thema aus.
- Nennen Sie Pflegetätigkeiten und die entsprechenden Pflegegegenstände.

Weiterhin sollte je nach Erkrankung auch regelmäßig Fieber gemessen werden. Bei Erkrankungen des Herz-Kreislaufsystems sollte der Blutdruck kontrolliert werden (Krankenbeobachtung (Lb. S. 21)).

Die **Einnahme von Mahlzeiten** soll für den Patienten so angenehm wie möglich gestaltet werden. Ist er in der Lage aufzustehen, sollte er sein Essen am Tisch einnehmen. Dabei sollte er sich einen Bademantel oder ein anderes Kleidungsstück überziehen. So friert der Kranke weniger schnell und erhält ein sichereres Gefühl. Nimmt der Kranke sein Essen im Bett ein, ist er zunächst bequem aufzusetzen und sollte eine Serviette umgelegt bekommen. Auf einem Tablett sind ihm die Speisen zu zeigen und zu erläutern. Dabei ist es hilfreich, ihn zum Essen zu motivieren, denn oft möchten Kranke nicht essen. Appetitanregende und nicht zu große Portionen wirken unterstützend. Man wünscht der Person anschließend einen guten Appetit. Ist der Kranke nicht in der Lage selbst zu essen, ist ihm das Essen zu reichen. Getränke werden in einem Becher mit Deckel oder in einer Schnabeltasse gereicht. Damit sich der Kranke nicht verschluckt, wird der Kopf unterstützt. Die pflegende Person sitzt oder steht dabei neben dem Bett. Bei halbseitig gelähmten Personen sitzt oder steht die Pflegeperson an der gelähmten Seite.

Mit einem solchen im Handel erhältlichen Tablett mit Beinen und verstellbarer Platte kann der Kranke selbstständig essen. Zugleich dient es auch als Lesehilfe.

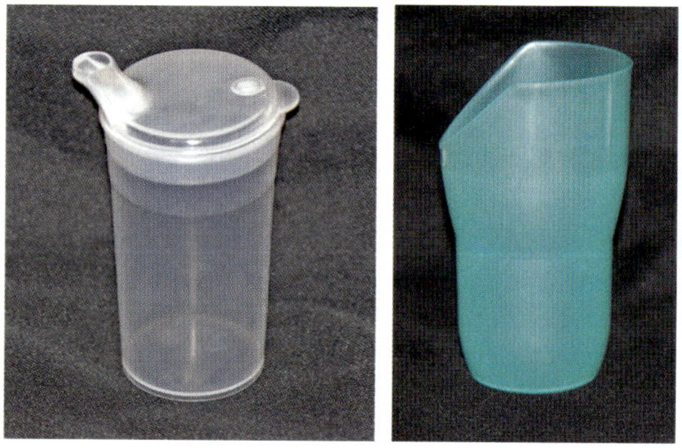

Mithilfe einer Schnabeltasse oder einem Becher kann der Kranke selbstständig trinken.

Das **Waschen im Bett** sollte nach Möglichkeit durch den Kranken selbst durchgeführt werden. Ist er dazu nicht in der Lage, sollte die pflegende Person helfen. Dabei ist es wichtig, dass zunächst alle Utensilien bereitgestellt werden (Waschschüssel mit warmem Wasser, zwei Waschlappen und Körperpflegemittel). Auf eine Zimmertemperatur von mindestens 20 °C ist zu achten.

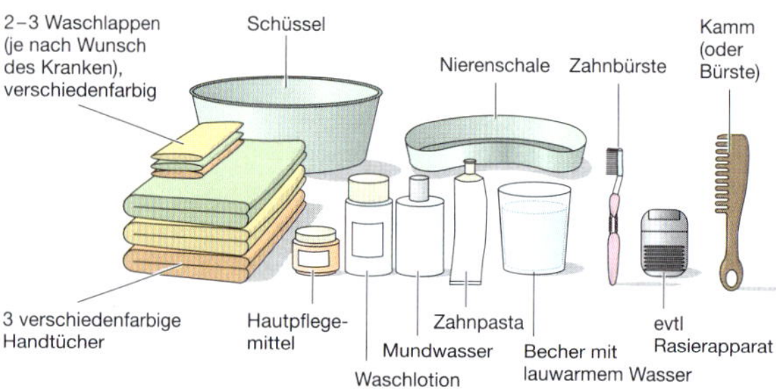

Utensilien für eine Ganzkörperwäsche

Das Waschen beginnt mit dem Gesicht. Die Augen werden von außen nach innen gereinigt. Im Anschluss daran reinigt man Ohren und Hals. Gut abtrocknen. Die Hände sollte der Kranke selbst in die Waschschüssel tauchen und waschen. Danach werden die Arme gewaschen und gut abgetrocknet. Dies geschieht immer in

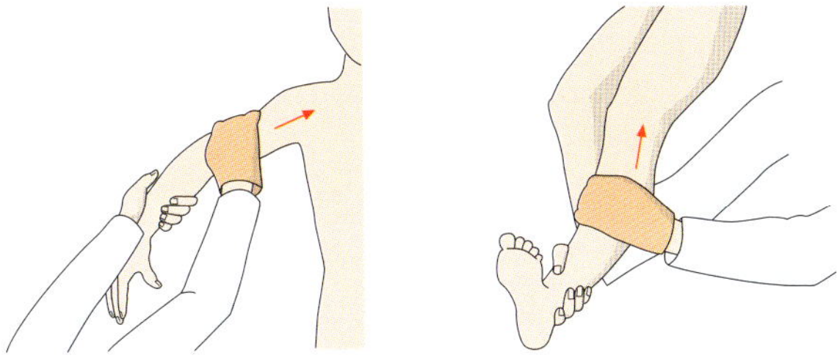

Arme und Beine immer in Richtung Herz streichen

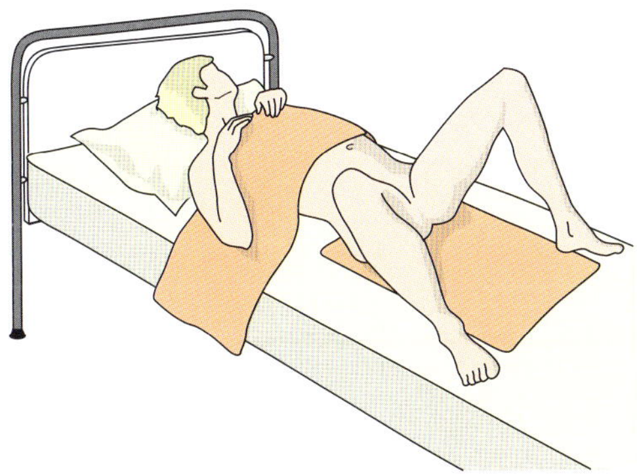

Lagerung des Patienten bei der Intimpflege

Richtung Herz, damit werden gleichfalls die Venen unterstützt. Danach werden Achselhöhlen und der Oberkörper gewaschen. Zum Waschen des Rückens wird das Bett etwas tiefer gestellt und der Kranke auf die Seite gelegt oder aufrecht hingesetzt. Nach dem Waschen wird der Rücken mit einer Pflegelotion behandelt. Dies kann z. B. Franzbranntwein sein. Eine Aufforderung zum kräftigen Durchatmen kann einer Lungenentzündung vorbeugen. Der Oberkörper wird jetzt wieder bekleidet. Im Anschluss werden die Beine und Füße gewaschen und abgetrocknet. Hierbei gilt auch wieder die Regel, zum Herzen zu arbeiten. Nach Möglichkeit sollte der Intimbereich vom Kranken selbst gewaschen werden. Ist dies nicht möglich, sollten die Genitalien immer in Richtung After gereinigt werden. Dabei muss ein Handtuch unter das Gesäß gelegt werden. Bei Männern ist auf Sauberkeit unter der Vorhaut zu achten. Danach kann dem Erkrankten die Nachtwäsche wieder angezogen werden.

Im Anschluss ans Waschen erfolgt die **Mund- und Zahnpflege**. Der Kranke spült sich den Mund mit lauwarmem Wasser aus. Für das Spülwasser reichen Sie eine Nierenschale, die Sie seitlich an den Mund halten. Die Reinigung der Zähne erfolgt in kleinen kreisenden Bewegungen vom Zahnfleisch zu den Zähnen. Zum Abschluss wird wiederum der Mund mehrfach ausgespült und von außen abgetrocknet. **Zahnprothesen** werden möglichst immer getragen, damit sich der Kiefer nicht verformt. Bei der Reinigung einer Prothese wird das Waschbecken mit Wasser gefüllt, damit die Prothese nicht zerbricht, wenn sie aus der Hand fallen sollte. Mit einer Zahnbürste und Pflegemitteln wird die Prothese gesäubert. Vor dem Einsetzen wird die Mundschleimhaut mit einer weichen Bürste massiert.

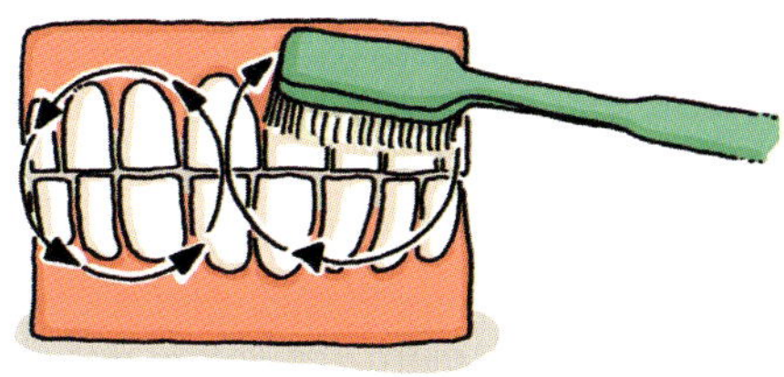

Der Gang zur **Toilette** ist oft nicht möglich. Für Kranke, die das Bett nicht verlassen dürfen, wird das Steckbecken verwendet. Kann der Kranke aufstehen, so ist die Benutzung des Toilettenstuhls günstiger. Sobald der Kranke sich bewegen kann, sollte mit Unterstützung die Toilette aufgesucht werden, da durch die Bewegung Stuhlgang und das gesamte Kreislaufsystem gefördert werden.

Steckbecken

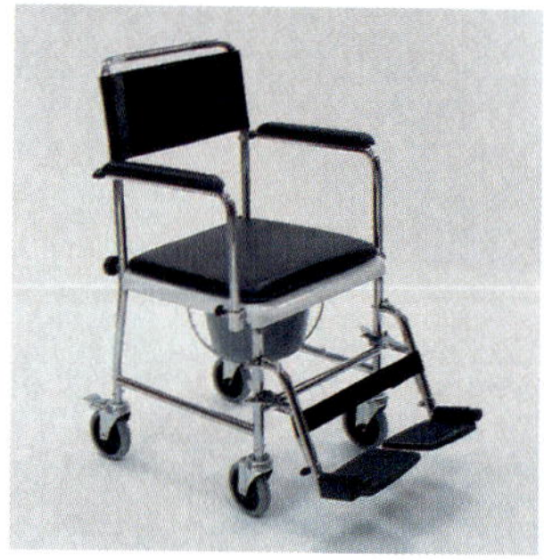

Toilettenstuhl

Führen Sie eine Person zur Toilette, so beachten Sie:
- die Person langsam aufrichten, die Person sollte mit sicheres Schuhwerk tragen
- der Person durch Unterhaken Halt geben
- langsam zur Toilette begleiten
- wenn möglich, allein in der Toilette lassen (in der Zwischenzeit kann das Bett gerichtet werden)
- langsam an das Bett zurückführen, vor dem Hinlegen kurz auf der Bettkante sitzen lassen (Kreislaufsystem beachten).

8.5 Hausapotheke

Die Hausapotheke soll schnell bei Beschwerden im Alltag (z. B. Übelkeit) und leichten Erkrankungen (z. B. Husten) helfen. Außerdem soll sie erste Hilfe bei Unfällen im Haushalt leisten. Sie muss an einem kühlen und trockenen Ort aufbewahrt werden und für Kinder unzugänglich sein.

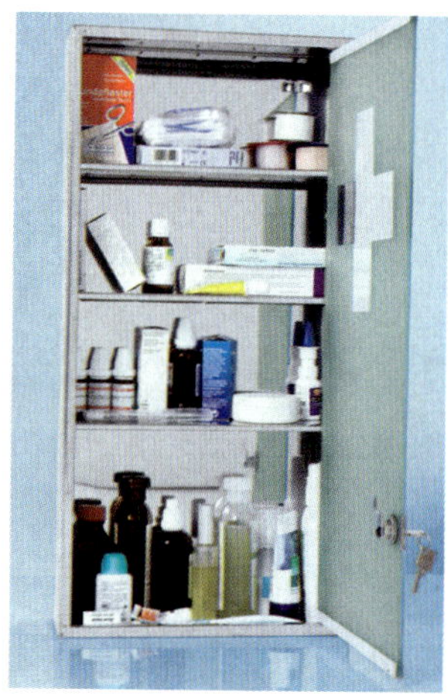

Aufgabe

Finden Sie für die letzte Aussage Begründungen.

Außerdem hilft ein Telefonverzeichnis mit Notrufnummern, den Nummern des Hausarztes und behandelnden Fachärzten, um schnelle Hilfe zu finden. Dieses Verzeichnis sollte in der Innenseite der Hausapotheke angebracht sein.

Grundausstattung der Hausapotheke

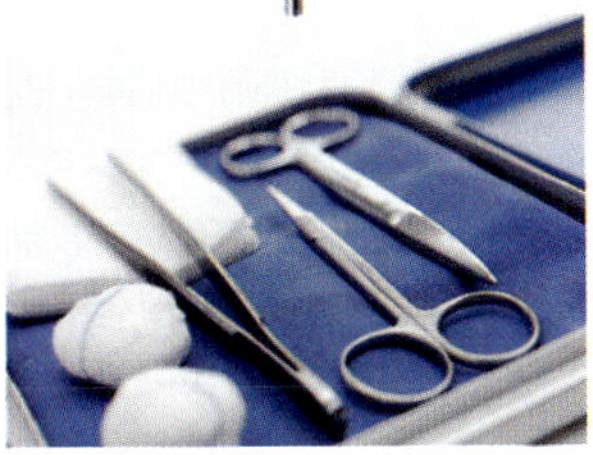
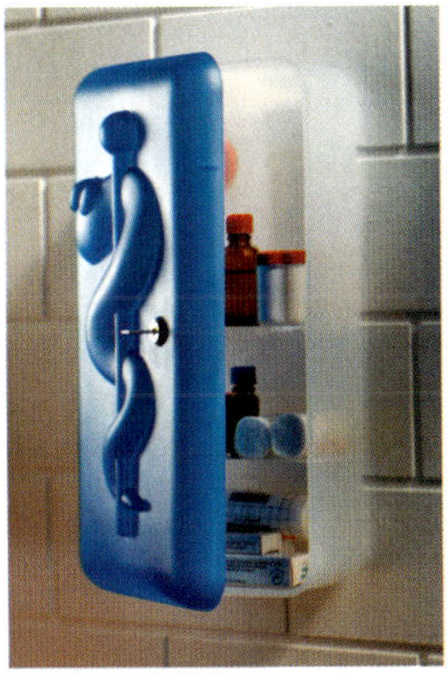
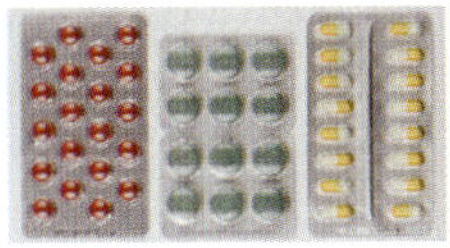

In der Hausapotheke sollte enthalten sein:
- Pinzette
- Schere
- Zeckenzange
- Fieberthermometer
- Pflaster
- Rollenpflaster
- Mittel gegen Halsschmerzen
- Mittel gegen Schmerzen und Fieber
- Medikamente, die ärztlich verordnet sind
- Kompressen
- Mullbinden
- Einmalhandschuhe/Fingerlinge
- Wunddesinfektionsmittel
- Kühlgel oder Kühlkompressen
- Mittel gegen Magen- und Darmbeschwerden
- Kreislauf anregende Mittel
- Franzbranntwein
- Mittel gegen Insektenstiche

Zum Umgang mit Medikamenten

Medikamente sind grundsätzlich mit Verpackung und Beipackzettel aufzubewahren, denn nur so kann auch später festgestellt werden, wofür der Einsatz bestimmt ist, welche Nebenwirkungen auftreten können und in welcher Dosierung sie einzunehmen sind.

Medikamente dürfen nie über das Verfallsdatum hinaus eingenommen werden. Entsorgt werden Medikamente immer über die Apotheke. Sie dürfen nie in den Müll gelangen. Arzneimittel werden in verschiedenen Formen angeboten:

Zum Schlucken: (oral – über den Mund)

Tabletten und Granulat werden ganz oder in Wasser aufgelöst eingenommen. Tabletten bestehen aus gepresstem Pulver.

Dragees und Kapseln werden immer ganz eingenommen. Dragees sind mit einer farbigen Masse überzogen, Kapseln haben eine Hülle aus Gelatine. Bei Dragees und Kapseln gibt es keinen bitteren Beigeschmack beim Schlucken. Außerdem bewirkt die Hülle die Wirkung des Medikamentes genau dort, wo es zur Wirkung kommen soll.

Zum Einführen: (anal – über den After)

Zäpfchen oder Einläufe gelangen über den After in den Körper. Zäpfchen lösen sich durch die Körperwärme im After rasch auf und erzielen so eine schnellere Wirkung, gleichzeitig belasten sie den Magen nicht. Beim Einführen eines Zäpfchens sollten immer Fingerlinge getragen werden, die auch in der Hausapotheke nicht fehlen dürfen.

Zum Versprühen: (auf die Haut)

Sprays werden auf Haut oder Schleimhäute aufgesprüht. Damit werden vor allem schwer erreichbare Stellen im Körper erreicht und es kommt zu einer gleichmäßigen Dosierung. Häufig werden Sprays bei Atemwegserkrankungen eingesetzt (Nasen- und Rachenbereich).

Zum Auftragen: (auf die Haut)

Salben, Emulsionen, Gele und Puder können auf die Haut aufgetragen werden.

Spritzen: (zur Injektion)

Dadurch wird eine rasche Wirkung erreicht, da die Arzneimittel sofort in die Blutbahn gelangen. Mit Ausnahme von Insulin müssen diese von Fachkräften bzw. Ärzten gegeben werden.

Tinkturen: (zur äußeren und inneren Anwendung)

Tinkturen enthalten pflanzliche Arzneimittel

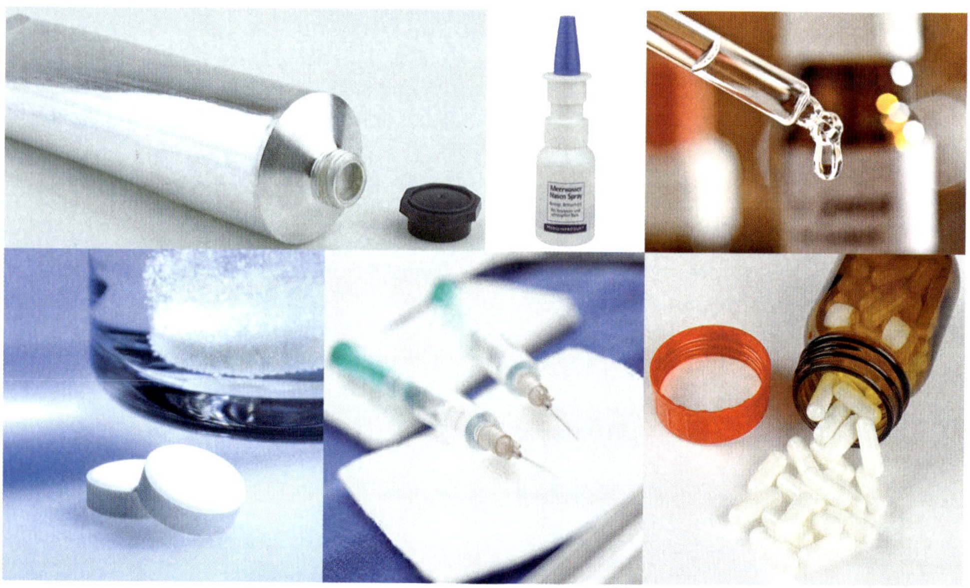

8.6 Menschen mit Behinderung

8.6.1 Behinderungen und deren Ursache

Aufgabe

Betrachten Sie die Bilder in der Randleiste und sprechen Sie mit Ihren Mitschülern darüber.

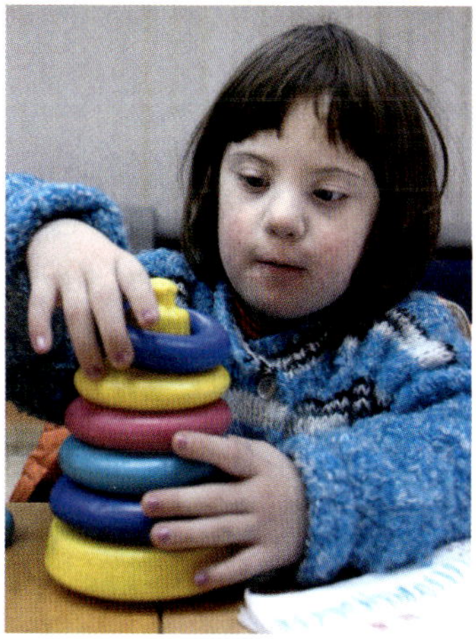

Menschen mit Behinderung können ihre unmittelbare Lebensvorrichtung oder die Teilnahmen am Leben in der Gesellschaft oft nur erschwert ausüben. Infolge körperlicher, seelischer oder geistiger Schädigung sind sie so in vielerlei Hinsicht eingeschränkt.

Behinderungen können **angeboren** sein, so z. B. durch eine Chromosomenerkrankung, die eine geistige Behinderung oder Missbildungen zur Folge haben (Down-Syndrom). Häufig sind Behinderungen **erworben**. Diese können vor, während und nach der Geburt entstehen und Schädigungen hervorrufen, die zu nachfolgenden Behinderungen führen können

Zeitpunkt der Schädigung	Folge	
vor der Geburt: Rauchen, Alkohol Medikamentenmissbrauch Mangelernährung	Hörschädigungen Intelligenzschäden Missbildungen	
während der Geburt: Sauerstoffmangel Hirnverletzung durch Druck auf den Schädel Frühgeburt	Hörschädigung Intelligenzschädigung Sehschädigung	
nach der Geburt: Hirnhautentzündung Impfschäden Vernachlässigung in früher Kindheit	Lern- oder geistige Behinderung Sehschäden Sprachbehinderung	
zu einem späteren Zeitpunkt Erkrankung des Nervensystems (z. B. Alzheimer) Erkrankung der Muskeln (z. B. Muskelschwund) Unfälle (z. B. Verletzung der Wirbelsäule)	geistige Behinderung Körperbehinderung Körperbehinderung (z. B. Querschnittslähmung)	

8.6.2 Betreuung und Umgang mit Menschen mit Behinderungen

Der letzte Abschnitt zeigte, wodurch es zu einer Behinderung kommen kann und was die Folgen sein können. Daraus entstehen für die betroffenen Personen besondere Bedürfnisse. Das bedeutet, für die Betreuung genau diese **veränderten Bedürfnisse** zu **beachten**.

Aufgaben

Erfüllen Sie nachfolgende Aufgaben und tauschen Sie sich im Anschluss mit Ihren Mitschülern über Ihre Erfahrungen aus.

- Suchen Sie sich einen Mitschüler, der Sie mit verbundenen Augen durch den Raum führt und darauf achtet, dass Sie nicht anstoßen.
- Fahren Sie selbst mit einem Rollstuhl durch das Klassenzimmer und legen Sie die Jacke an der Garderobe ab.
- Holen Sie Lehrbücher aus einem Schrank, ohne Ihre Arbeitshand zu benutzen. (Rechtshänder mit der linken Hand und umgekehrt)
- Übermitteln Sie durch Mimik und Gestik einer anderen Person eine Nachricht.
- Schalten Sie bei einem Film den Ton ab und versuchen Sie, die Szene zu verstehen.

Viele Menschen zeigen im Umgang mit Menschen mit Behinderungen Unsicherheit. Oft sind Mitleid, übertriebene Hilfsbereitschaft oder ein bloßes Übersehen sichtbar. Anstarren, Spotten oder Hänselei sieht man manchmal gegenüber Menschen mit geistiger Behinderung, denn man vermutet, dass diese es nicht merken.

Dabei sollten Sie wissen:

- Menschen mit Behinderungen sind lediglich anders
- Menschen mit Behinderungen sind nicht dumm
- Menschen mit Behinderungen sind ernst zu nehmen
- sprechen Sie so normal wie möglich mit Menschen mit Behinderungen
- für Menschen mit Behinderungen sind Sie ein aufmerksamer Zuhörer
- bringen Sie Geduld mit
- Menschen mit Behinderungen müssen in die Gesellschaft einbezogen werden, damit auch sie ein normales Leben führen können
- jeder Mensch ist so anzunehmen, wie er ist
- vergessen Sie nie, dass kein Mensch vor Behinderung geschützt ist

Aufgabe

Ihre Freundin abolviert ein Praktikum in einem Kinderheim. Ein Kind hat eine Behinderung. Geben Sie Ihrer Freundin allgemeine Hinweise im Umgang mit Menschen mit Behinderungen.

8.6.2.1 Betreuung von Menschen mit Körperbehinderungen

Um Menschen mit Körperbehinderungen das Leben zu erleichtern und dabei eine möglichst hohe Selbstständigkeit zu erhalten, gibt es viele Hilfsmittel.

Aufgabe

Informieren Sie sich in einem Sanitätshaus über das Angebot an Hilfsmitteln für Menschen mit Körperbehinderungen.

Umgang mit dem Rollstuhl und der zu betreuenden Person

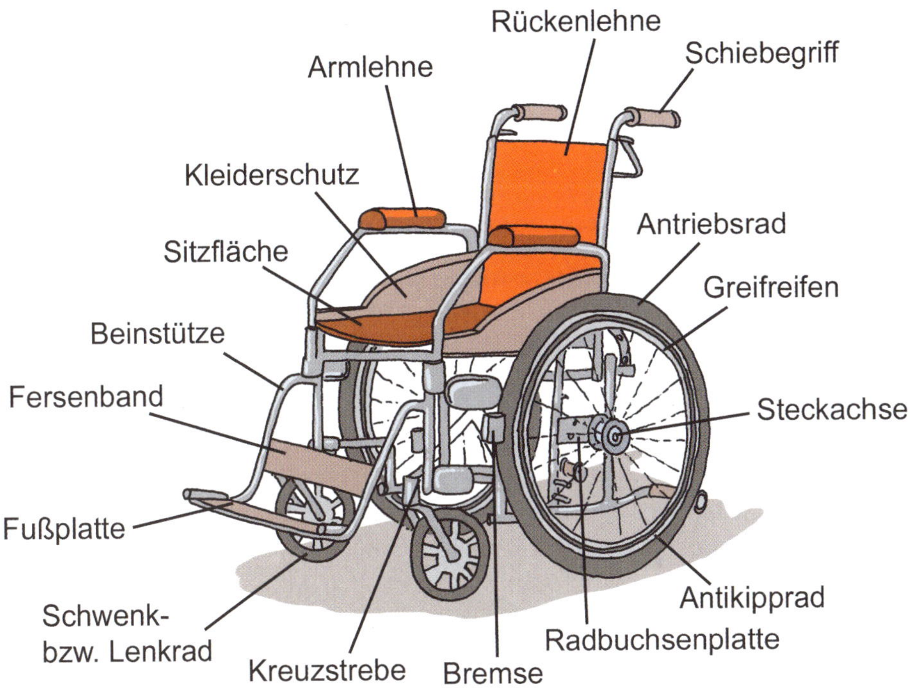

Kenntnisse über die **Handhabung des Rollstuhls** sind Voraussetzung für eine sichere Bedienung (verschiedene Modelle beachten), denn dies erfordert Übung.

- Die Betreuungsperson ist für die Sicherheit der im Rollstuhl sitzenden Person verantwortlich
- beim Ein- und Ausstieg Bremsen feststellen
- Fußstützen müssen nach oben gestellt werden, damit der Rollstuhl nicht nach vorn kippt
- die Straße möglichst dort überqueren, wo der Bordstein abgesenkt ist
- Überqueren der Straße am Bordstein:
  - die Begleitperson tritt mit dem Fuß auf das Auftrittsrohr
  - sie drückt die Schiebegriffe nach unten und kippt den Rollstuhl leicht nach hinten
  - die großen Räder gleiten nun über die Bordsteinkante
  - langsam den Rollstuhl wieder aufrichten, die kleinen Räder stehen wieder auf dem Boden

Kenntnisse über den **Umgang mit der zu betreuenden Person** sind Voraussetzung für eine gute Betreuungsarbeit:

- Beim Einkauf, Museumsbesuch oder in der Natur sollten Sie immer darauf achten, dass die zu betreuende Person die Dinge sehen kann.
- Beim Gespräch mit Dritten ist es wichtig, den Rollstuhl so zu drehen, dass die Person am Gespräch teilnehmen kann.
- Damit die im Rollstuhl sitzende Person Möglichkeit für Gespräche erhält, sollten bei Unternehmungen Pausen eingelegt werden.
- Beachten Sie die Außentemperaturen:
  - nutzen Sie eine Decke zum Zudecken, bleiben Sie bei kühlen Temperaturen nicht zu lange draußen
  - lassen Sie den Rollstuhlfahrer nicht zu lange der Sonne ausgesetzt, achten Sie auf eine Kopfbedeckung
- stellen Sie der zu betreuenden Person keine schweren oder kalten Gegenstände auf den Schoß

Wohnen für Menschen mit Körperbehinderungen

Der Wohnraum von Menschen mit Körperbehinderungen sollte barrierefrei sein. Dies bedeutet, dass er keine Türschwellen hat und das Duschen ohne Duschwanne möglich ist. Weiterhin sollte darauf geachtet werden, dass Türklinken einschließlich Schlüsselloch und Lichtschalter aus dem Rollstuhl zu erreichen sind. Griffe, besonders im Bad und an der Toilette unterstützen die Selbstständigkeit des Behinderten. Auch Ausgänge zu Balkon oder Terrasse sind so zu gestalten, dass sie mit dem Rollstuhl zu bewältigen sind. Teppiche stellen Stolperfallen dar. Außerdem sollte die Wohnung nicht zu eng sein und nicht zu vollgestellt werden.

8.6.2.2 Betreuung von Epileptikern

Epilepsie, zu deutsch Fallsucht, ist eine Anfallserkrankung. Sie ist durch Krampfanfälle und Bewusstseinsstörungen während der Anfälle gekennzeichnet. Die Anfälle dauern häufig nur wenige Minuten. Nach einem Anfall schläft der Epileptiker meist tief und wacht mit Kopfschmerzen wieder auf.

Die Anfälle werden durch Mediziner mit einem „Gewitter im Gehirn" beschrieben. Der Betroffene fällt um, zuckt, läuft blau an und hat Schaum vor dem Mund. Weiterhin kann es zum Einnässen kommen. Oft werden erste kleine Anfälle nicht erkannt, da die Betreffenden wie geistig abwesend oder träumend erscheinen. Epileptiker sind geistig vollkommen gesund und oft überdurchschnittlich intelligent.

Hat ein Epileptiker Probleme mit dem Lernen, kann eine Mehrfachschädigung vorliegen, wobei die Epilepsie nicht die Ursache für die Lernbehinderung sein muss.

Die **Ursachen** für den Ausbruch der Erkrankung sind unterschiedlich. Auch Epilepsie kann vererbt werden, wobei dies selten ist. Ursachen können Hirnschädigungen während der Schwangerschaft oder Sauerstoffmangel während der Geburt sein. Hirn- oder Hirnhautentzündungen, Neigung zu Fieberkrämpfen sind weitere mögliche Ursachen. Durch eine regelmäßige Kontrolle beim Arzt und eine gute medikamentöse Einstellung können viele Betroffene anfallsfrei ein normales Leben führen.

Erste Hilfe

- Bewahren Sie Ruhe!
- Person hinlegen, sodass sie nicht stürzen kann.
- Lockern Sie die Kleidung (vor allem am Hals).
- Legen Sie eine weiche Unterlage unter den Kopf.
- Bringen Sie Gegenstände, durch die eine Verletzung entstehen könnte, außer Reichweite.
- Drehen Sie die Person nach dem Anfall in die stabile Seitenlage (so wird verhindert, dass der Speichel in die Lunge fließt).

Dauert ein Anfall länger als fünf Minuten und der Betroffene krampft oder zuckt und läuft blau an, sollte ein Arzt zu Hilfe gerufen werden. Weiterhin sollte sich der Betroffene auch nach einem kleineren Anfall nach 30 Minuten wieder orientieren können. Das bedeutet z. B. er weiß, wo er ist, er kennt den Wochentag, er weiß, was er gerade getan hat usw. Nach einem Anfall sollte der Kranke sich richtig ausschlafen und auf keinen Fall allein gelassen werden.

Beispiel

Ronald berichtet:

Als ich bereits 18 Jahre alt war, wurde ich an einem Morgen wach und hatte mir die Zunge zerbissen. Der Arzt vermutete zunächst einen schlechten Traum. Doch anschließend kam es mehrfach zu kleinen Anfällen, die meist mit Stresssituationen verbunden waren. Die Anfälle wurden immer stärker und man hatte Angst, dass immer mehr Hirnzellen absterben. Durch prüfungserleichternde Maßnahmen konnte ich einen guten Berufsabschluss als Hauswirtschaftstechnischer Helfer erreichen. Weil die Anfälle sehr stark waren, konnte ich keine Arbeit annehmen und erhielt eine Rente. Nun bin ich drei Jahre anfallsfrei und hoffe, wenigstens einige Stunden zu arbeiten.

8.6.2.3 Betreuung von Menschen mit geistiger Behinderung

Eine Form der geistigen Behinderung ist das Down-Syndrom. Es ist eine Erkrankung des Erbguts. Die menschlichen Zellen enthalten 23 Chromosomen. Bei der Befruchtung verschmelzen 23 Chromosomen der Samenzelle des Mannes mit 23 Chromosomen der weiblichen Eizelle. So entstehen 23 neue Chromosomen**paare**. Bei Menschen mit dem Down-Syndrom ist das Chromosom 21 dreimal statt zweimal vorhanden. Dies führt zur **geistigen Behinderung**, die unterschiedlich stark ausgeprägt sein kann.

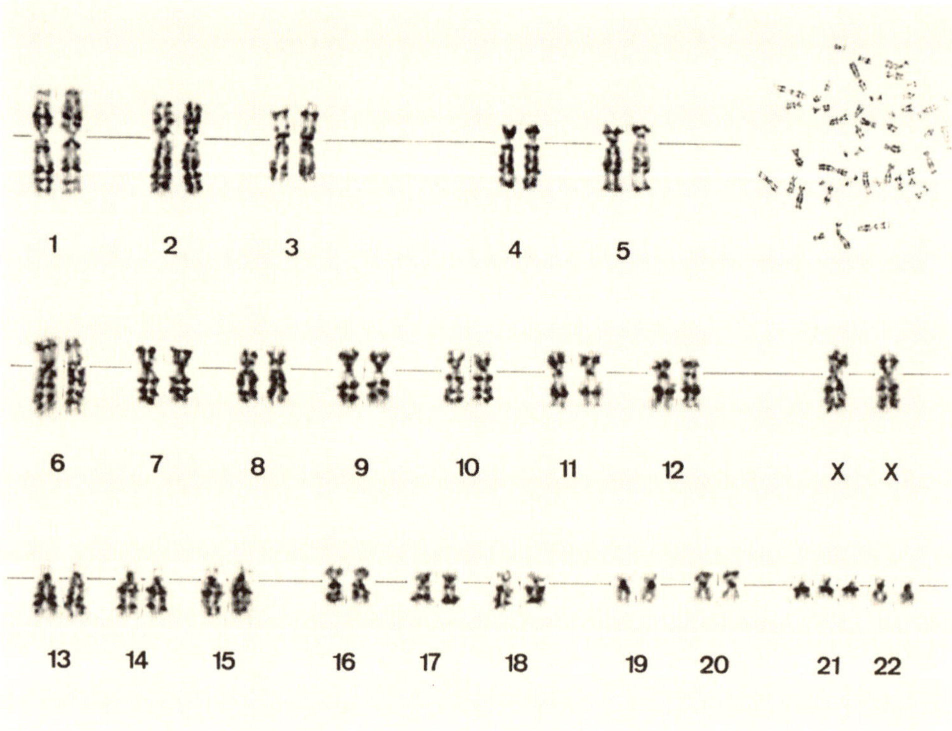

Menschen mit geistiger Behinderung benötigen Hilfe bei der unmittelbaren Bewältigung des täglichen Lebens. Wie umfassend die Hilfe sein muss, ist abhängig von der Schwere der Behinderung. Wichtig ist die Förderung der Selbstständigkeit, die Entwicklung des Denkens, der Sprache und der Wahrnehmung. Bewegungsabläufe müssen trainiert werden, damit Haltungsschäden vermieden werden. Dies erreicht man durch gezielte Bewegungen beim Turnen, im Wasser oder bei physiotherapeutischen Behandlungen.

Wichtig ist, dass mit viel Ausdauer, Geduld, aber auch liebevoller Konsequenz gearbeitet werden muss. Menschen mit geistiger Behinderung können nur in vielen kleinen Schritten lernen und müssen ständig üben und wiederholen. Dies bezieht sich auf nachfolgende Punkte:

- **Für sich selbst zu sorgen**
  - Hierzu gehören das An- und Auskleiden, selbstständiges Essen und die Körperpflege
- **Sich in die Gemeinschaft einzufügen**
  - Regeln zu kennen und sich danach zu verhalten
  - mit anderen zu teilen
  - das Eigentum anderer zu achten

Rechte und Pflichten wahrzunehmen (Familie, Umfeld, Schule oder Werkstatt)

- **Eine Arbeit zu übernehmen**
  - z. B. Arbeiten, die sich ständig wiederholen
  - diese Arbeiten werden über einen längeren Zeitraum eingeübt

Menschen mit geistiger Behinderung arbeiten vorwiegend in Behindertenwerkstätten.

9 Leben im Alter

In den vergangenen Kapiteln wurde immer wieder deutlich, dass der Mensch sich ständig in Entwicklung und Veränderung befindet. Dies betrifft den körperlichen, psychischen und sozialen Bereich. Die Entwicklung eines Menschen ist auch mit dem Erwachsenenalter nicht abgeschlossen und verläuft ganz unterschiedlich. So vollziehen sich auch Alterungsprozesse bei jedem Menschen anders.

Der Schauspieler Martin Held sagte einmal:
„Jeder will alt werden, aber keiner will alt sein."

Aufgabe

Führen Sie zu diesem Ausspruch einen Gedankenaustausch in der Klasse durch.

9.1 Veränderungen und Aspekte des Alterns

Körperliche (organische) Veränderungen im Alter

- Veränderungen des äußeren Erscheinungsbildes (z. B. Haut, Haare, Muskeln und Haltung)
- verminderte Leistungen der Sinnesorgane (z. B. Augen, Ohren)
- eingeschränkte Herz-Kreislauftätigkeiten
- nachlassende Funktionstätigkeit der Bewegungsorgane (z. B. Skelettveränderungen)
- hirnorganische Veränderungen
- Schwächung des Immunsystems und damit zunehmende Krankheitsanfälligkeit

Psychische (durch Gefühle bestimmte) Veränderungen im Alter

- Zunahme von Wetterfühligkeit
- geringere seelische Belastungsfähigkeit
- Antriebsschwäche
- Beeinträchtigung der Steuerungsfähigkeit
- Konzentrationsschwierigkeiten
- nachlassendes Gedächtnis
- Verlangsamung von Begreifen und Denken

Soziale (auf das Umfeld bezogene) Veränderungen im Alter

- Rollen- und Funktionsverlust (Berufsrolle/Führungsrolle)
- Statusverlust (Macht und Ansehen)
- Beziehungsverlust
- Wohnungsveränderung
- Verlust an äußerer Selbstständigkeit

Veränderungen im Alter müssen bei der Betreuung älterer Menschen berücksichtigt werden. Dabei ist zu beachten, dass diese Veränderungen nicht immer alle auf einen Menschen zutreffen und zu unterschiedlichen Zeitpunkten auftreten können. Durch diese Unterschiede ist das Alter eines Menschen oft nicht zu erkennen. Es gibt 80-Jährige, die zehn oder fünfzehn Jahre jünger erscheinen und 65-Jährige, die wie 80-Jährige aussehen und sich auch so fühlen.

Ein Mensch kann also gleichzeitig verschieden alt sein, deshalb kann unterschieden werden nach dem:

- **Kalendarischen und sozialen Alter**
  - nach dem Geburtsdatum/den Lebensjahren (lässt Rückschlüsse auf Lebensereignisse ziehen, die geschichtlich und gesellschaftlich bedingt sind)
  - wird bestimmt durch Rechte und Pflichten in der Gesellschaft (Renteneintritt)
- **Biologischen Alter**
  - wird auf der Grundlage bestimmter körperlicher Merkmale und Veränderungen bestimmt, z. B. welke und faltige Haut, Haltung wird gebeugter, typische Alterserkrankungen treten auf (Gicht/Osteoporose)
  - die Funktion innerer Organe, Muskeln, Knochen und Gelenke kann eingeschränkter oder besser sein, als durch die Anzahl der Lebensjahre zu erwarten wäre
  - mögliche *Ursachen einer frühen Alterung* können sein:
    - berufsbezogene Ursachen (Verschleißerscheinungen/Stress)
    - falsche Lebensweise (Alkohol/Übergewicht/UV-Strahlung)
    - umweltbedingte Ursachen (Erkrankungen der Atemorgane)
    - erbbedingte Ursachen (frühzeitige Vergreisung)
- **Psychologischen Alter**
  - wird bestimmt durch das eigene Erleben und Empfinden „man ist so alt wie man sich fühlt"
  - mögliche Kriterien für das psychologische Alter:
    - Wachheit und Aufmerksamkeit gegenüber gesellschaftlichen Veränderungen
    - Toleranz gegenüber der Jugend
    - Interesse Neues zu Lernen

Durch die aufgezeigten Veränderungen im Alter verändert sich auch die Lebensqualität. Aufgabe der Betreuung muss es sein, eine möglichst hohe Lebensqualität zu erhalten. Dabei sollten alle Maßnahmen unter dem Leitspruch stehen: „So viel Hilfe wie nötig, so viel Eigentätigkeit wie möglich".

9.2 Betreuung eines alten Menschen

Meist fällt es den jüngeren Menschen nicht leicht, sich in die Situation eines alten Menschen zu versetzen.

Aufgabe

Lesen Sie nachfolgende Zeilen einer unbekannten alten Dame. Diskutieren Sie in der Gruppe darüber.

Was seht Ihr, Schwestern?

Was seht Ihr Schwestern, was seht Ihr? Denkt Ihr, wenn Ihr mich anschaut: Eine mürrische, alte Frau, nicht besonders schnell, verunsichert in ihren Gewohnheiten, mit abwesendem Blick, die ständig beim Essen kleckert, die nicht antwortet wenn Ihr mit ihr meckert, weil sie wieder nicht pünktlich fertig wird. Die nicht so aussieht als würde sie merken, was Ihr mit ihr macht. Die willenlos alles mit sich machen lässt: „Füttern, waschen und alles was dazugehört".

Denkt Ihr denn so von mir, Schwestern, wenn Ihr mich seht, sagt?

Öffnet die Augen, Schwestern, schaut mich genau an! Ich will Euch erzählen wer ich bin, die hier sitzt, die macht, was Ihr möchtet und isst und trinkt, wann es Euch passt!

Ich bin ein zehnjähriges Mädchen mit einem Vater, einer Mutter, die mich lieben und meine Schwester und mein Bruder.

Ein sechzehnjähriges Mädchen, schlank und hübsch, die davon träumt, bald einem Mann zu begegnen.

Eine Braut, fast zwanzig, mein Herz schlägt heftig bei dem Gedanken an die Versprechen, die ich gegeben und gehalten habe.

Mit fünfundzwanzig, noch habe ich eigene Kleine, die mich zu Hause brauchen.

Eine Frau mit dreißig, meine Kinder wachsen schnell und helfen einander.

Mit vierzig sind alle erwachsen und ziehen aus. Mein Mann ist noch da und die Freude ist noch nicht zu Ende.

Mit fünfzig kommen die Enkel und sie erfüllen unsere Tage, wieder haben wir Kinder, mein Geliebter und ich.

Dunkle Tage kommen über mich, mein Mann ist tot. Ich gehe in eine Zukunft voller Einsamkeit und Not. Die Meinen haben mit sich selbst zu tun, aber die Erinnerungen von Jahren und die Liebe bleiben mein. Die Natur ist grausam, wenn man alt und krumm ist und man wirkt etwas verrückt.

Nun bin ich eine alte Frau, die ihre Kräfte dahinsiechen sieht, und deren Charme verschwindet.

Aber in diesem alten Körper wohnt immer noch ein junges Mädchen, ab und zu wird mein mitgenommenes Herz erfüllt. Ich erinnere mich an meine Schmerzen, und ich liebe und lebe mein Leben noch einmal, das allzuschnell an mir vorbeigeflogen ist und akzeptiere kühle Fakten, dass nichts bestehen kann.

Wenn Ihr eure Augen aufmacht, Schwestern, so seht Ihr nicht nur eine mürrische alte Frau. Kommt näher, seht mich.

9.2.1 Professionelle Betreuung eines alten Menschen

Um älteren Menschen bei der Betreuung gerecht zu werden, benötigt man Informationen über:

- Herkunft
- berufliche Entwicklung
- Familiensituation
- wirtschaftliche Situation
- körperliche, geistige und psychische Verfassung

So können Ursachen für bestimmte Handlungen schneller erkannt werden. Hilfe kann dort beginnen, wo sie notwendig ist. Außerdem können so noch vorhandene Fähigkeiten trainiert werden und erhalten bleiben. Diese Informationen sollten im Gespräch mit der zu betreuenden Person oder nahen Verwandten erfragt werden. Die meisten Verhaltensweisen eines alten Menschen lassen sich aus seinen Vorerfahrungen erklären.

- Kriegszeiten haben z. B. dazu geführt, dass alte Leute sich nur schwer von Dingen trennen können.
- Hilfsmittel werden oft abgelehnt, weil sie „komisch" aussehen und auf andere Personen fremd wirken.
- Nahrungsmittel werden abgelehnt, weil man sie nicht kennt.

Wird diese Tatsache berücksichtigt, kann der ältere Mensch leichter verstanden werden. Außerdem sollte der Betreuer sich immer die Frage stellen, ob das, was er verlangt, wirklich notwendig ist. So sind z. B. lebensnotwendige Medikamente, der Gebrauch von Gehhilfen, ausreichende Flüssigkeitsaufnahme oder sicheres Schuhwerk notwendig und wichtig. Hingegen kann der Verzehr einer verabscheuten Nachspeise absolut unwichtig sein.

Betreuerinnen und Betreuer sollten eine positive Grundeinstellung zu älteren Menschen haben und sie so nehmen, wie sie sind; mit ihren positiven und negativen Eigenschaften. Wichtig ist, dass die Privatsphäre der zu betreuenden Person erhalten bleibt oder die Möglichkeit geschaffen wird, den Aufbau von Beziehungen zu ermöglichen. Dies kann nur erreicht werden, wenn mit Kopf, Hand und Herz gearbeitet wird.

Aufgaben

1. Erläutern Sie die Aussage: „Die Arbeit muss mit Kopf, Hand und Herz ausgeführt werden."
2. Stellen Sie anhand eines Beispiels aus dem Praktikum positive und negative Eigenschaften einer zu betreuenden Person dar.

Die Betreuung von älteren Menschen sollte immer von dem Grundsatz begleitet sein, dass jeder Mensch noch bestimmte Tätigkeiten selbst ausführen kann und sich immer noch etwas verbessern lässt. Dazu ist es wichtig, den älteren Menschen zu ermutigen sich Zeit zu nehmen und ihm mit viel Geduld und liebevoller Konsequenz zu helfen. Oft ist es einfacher und schneller, etwas selbst zu machen. Aber das Gefühl „Ich kann noch etwas" ist ganz wichtig für den älteren Menschen und setzt ein Zeichen für eine nicht völlige Abhängigkeit von anderen Personen. **Spezielle Unterstützungsmöglichkeiten** helfen dieses Ziel zu erreichen:

Für den Bereich der Motorik

- technische Hilfen
  z. B. Gehhilfen, Ankleidehilfen, Wannenlift
- Umbauten in der Wohnung
  z. B. Entfernen der Türschwellen, altersgerechte Toiletten (Griffe, höherer Sitz), barrierefreie Dusche
- Bewegungsangebote
  z. B. Seniorengymnastik, Seniorenschwimmen

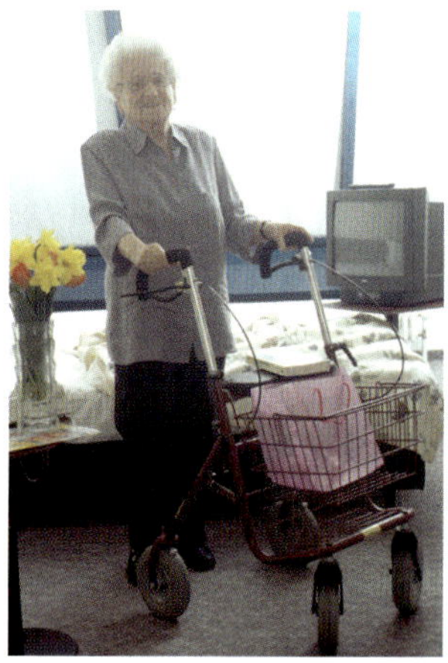

Für den Bereich der kognitiven Fähigkeiten

- Spiele, die die Konzentration und Merkfähigkeit unterstützen

- Vorlesen (z.B. aus der Tageszeitung/fördert Interesse für die Gesellschaft)
- Kreuzworträtsel (regt an, Wissen wird abgerufen und aufgefrischt)
- Erzählen lassen (fordert den Erhalt des Wortschatzes/ordnet Gedanken, gibt Rückblicke auf meist positive Seiten des Lebens)

Für das Sozialverhalten

- Gemeinschaftsspiele
- gemeinsame Veranstaltungen (Weihnachts- und Geburtstagsfeiern/Seniorentanz)

Wichtig ist es auch, die Wünsche der Senioren wahrzunehmen und nach Möglichkeit zu erfüllen. Oft werden von den älteren Menschen Wünsche nicht klar angesprochen, denn sie möchten anderen nicht „zur Last fallen". Aus diesem Grund ist es auch wichtig, ihnen Aufgaben zu übertragen, die sie erfüllen können. Dadurch wird die Eigenständigkeit gefördert und das Gefühl gestärkt: „Ich bin noch zu etwas nütze!"

Aufgaben

1. Informieren Sie sich nach Möglichkeiten, ältere Menschen aktiv an der Bewältigung von Alltagsaufgaben zu beteiligen.
2. Erkundigen Sie sich nach institutionellen Hilfen für ältere Menschen. Nutzen Sie Tageszeitungen, Zeitschriften oder das Internet.

9.2.2 *Wohnen im Alter*

Das Sprichwort „Einen alten Baum verpflanzt man nicht" ist oft der Grund, warum ältere Menschen sich von ihrer Umgebung nicht trennen möchten. Alles ist bekannt, die Gegend, der Tante-Emma-Laden über die Straße, die Nachbarn usw. Trotzdem ist die liebgewordene Wohnung oft nicht bis in die letzten Jahre zu halten. Es gibt Treppen, die einem immer schwerer fallen, der nahgelegene Park ist plötzlich immer weiter weg, alles ist zu eng, so können Gehhilfen nur schwer genutzt werden und über die Türschwellen kann man auch leicht stürzen. Platz für einen benötigten Rollstuhl gibt es nicht. Auch eine zu große Wohnung, weil der Partner verstorben ist oder Rekonstruktionsmaßnahmen an Gebäuden, die für ältere Menschen unerträglich werden, lassen Überlegungen eines Umzugs aufkommen. Natürlich sollte die neue Wohnung altersgerecht sein.

Merkmale für altersgerechtes Wohnen

- Es sind Wohnungen, die eine Benutzung der Sanitäreinrichtungen mit Pflegekräften ermöglichen.
- Die Wohnungen sind in Stadtteile oder eine Altenwohnanlage eingebettet.
- Sie haben eine barrierefreie Ausstattung
  - rollstuhlgerecht (Rollstuhlrampen, niedrige Schalter und Klinken)
  - keine Schwellen, um z.B. auch mit einem Rollator sicher zu laufen
  - Fahrstuhl in mehrgestöckigen Häusern
  - Sprechanlage, um sofort Hilfe zu erhalten

- Sie bieten die Möglichkeiten:
  - mobiler Hilfsdienste
  - betreuten Wohnens

Neben der altersgerechten Wohnung, die sehr viel Individualität und Unterstützung gleichzeitig bedeutet, gibt es weiterhin Möglichkeiten der **institutionellen Hilfe**. Diese sind z. B.:

ambulante Hilfe	teilstationäre Hilfe	stationäre Hilfe
ambulanter Pflegedienst	Senioren-WGs	Altenwohnheim
ambulant betreute Wohngemeinschaft	Betreutes Wohnen	Altenheim
Sozialstationen und Dienstleistungszentren	Wohnstiftungen und Residenzen	Altenpflegeheim
Beratungsstellen	Tagespflege	Kurzzeitpflege

Aufgabe

Überlegen Sie, wie Sie in den einzelnen Bereichen tätig werden könnten.

9.2.3 Ernährung im hohen Alter

Schwierigkeiten beim Kauen, ein trockener Mund, Schluckstörungen, Veränderungen im Magen-Darm-Trakt, nachlassendes Durstempfinden, mehrfache Medikamenteneinnahme oder auch fehlende Gesellschaft beim Essen sind Ursachen für zu wenig oder falsche Ernährung im Alter. Damit der Nährstoffbedarf trotz kleiner werdender Nahrungsmenge gedeckt wird, müssen die Lebensmittel besonders **„nährstoffdicht"** sein, sie müssen im Verhältnis zu der enthaltenen Energie sehr **viele essenzielle Nährstoffe enthalten**.

Diese Anforderungen werden erfüllt durch:
- Vollkornprodukte (auch fein gemahlen, Kartoffeln, Haferflocken, Vollkornnudeln, Parboiled-Reis)
- Gemüse (roh oder geraspelt, auch als Tiefkühlware)
- Obst, frisch/roh oder als Tiefkühlware
- Milchprodukte (Quark, Joghurt, Milch, Buttermilch, Käse)
- Fleisch und fettarme Fleischprodukte (Filet, Steak, Schnitzel, Geschnetzeltes, Schinken, Bratenaufschnitt)
- Fisch (fettreiche Sorten wie Hering, Makrele, auch aus der Konserve, typische Filetfische wie Seelachs)
- Eier
- Hülsenfrüchte (z. B. Linsen, Bohnen, Erbsen)
- Nüsse (z. B. Haselnüsse, Mandeln, Erdnüsse)
- Pflanzenöle (z. B. Rapsöl, Olivenöl, Sonnenblumenöl)

© DGE

Lebensmittelempfehlung für Senioren im Überblick	
Gruppe 1 Getreideprodukte und Kartoffeln	200–300 g feines Vollkorn- oder Graubrot, ersatzweise ein Teil an Getreideflocken 200–250 g Kartoffeln oder Nudeln bzw. 150–180 g Naturreis (gekochtes Gewicht) am Tag
Gruppe 2 Gemüse	400 g Gemüse (200 g gekochtes,100 g rohes Gemüse und eine Portion Salat am Tag)
Gruppe 3 Obst	2 Portionen (250 g) Obst, auch Tiefkühlprodukte, Obstkonserven und Saft zählen dazu.
Gruppe 4 Milch und Milchprodukte	200–250 ml Milch oder Joghurt (1,5% Fett) und zwei Scheiben fettarmer Käse (60 g) täglich
Gruppe 5 Fisch, Fleisch, Wurst und Eier	300–600 g Fisch und Fleisch pro Woche (drei kleine Fleischportionen und drei kleine fettarme Wurstportionen) 1–2 Seefischmahlzeiten pro Woche, nur 2–3 Eier pro Woche
Gruppe 6 Fette und Öle	15–30 g Streichfett (Butter oder Margarine) 10–15 g Zubereitungsfett (Raps-, Oliven oder Sonnenblumenöl)
Gruppe 7 Getränke	ca. 1,5 Liter Flüssigkeit (Mineralwasser, Kräuter- und Früchtetee, verdünnte Fruchtsäfte, in Maßen Kaffee und Schwarztee)

Die Mahlzeiten

Ältere Menschen können Mahlzeitenpausen schlechter überbrücken, sie sind deutlich geschwächt, anfälliger für Kreislaufbeschwerden und Unfälle. Außerdem können Senioren aufgrund schnellerer Sättigung oft nur noch kleine Portionen zu sich nehmen. Regelmäßigere Mahlzeiten werden daher immer wichtiger. Je nach persönlichem Rhythmus sollten dies **fünf bis sechs kleine Mahlzeiten** sein. Die Mahlzeitenpause in der Nacht sollte zehn bis zwölf Stunden nicht überschreiten, alte Menschen unterzuckern sehr schnell. Gegen einen zu niedrigen Blutzuckerspiegel in der Nacht hilft eine **Spätmahlzeit** vor dem Schlafengehen, die schnell verfügbare Kohlenhydrate als auch Energie und Nährstoffe liefert, z. B.

- ein Knäckebrot mit Quark und etwas Obst
- eine kleine Portion Joghurt und etwas Obst
- ein Glas Buttermilch und ein Stück Obst
- eine halbe Scheibe Vollkornbrot mit etwas Käse und etwas Obst

Zum **Frühstück** sollte immer Brot mit Butter oder einer hochwertigen Margarine angeboten werden. Dazu kann Marmelade, Honig, Pflaumenmus oder etwas magerer Käse oder fettarme Wurst gereicht werden. Obst sollte nie fehlen. Senioren, die gern Brei zum Frühstück essen, bekommen eine Haferflockensuppe mit Obst oder eine Milchsuppe mit Obst oder Obstpüree. Die Zwischenmahlzeit am Vormittag sollte leicht sein, damit für das wichtige Mittagessen etwas Hunger vorhanden ist. Es eignet sich Fruchtbuttermilch, Joghurt oder eine Banane. Das **Mittagessen** kann traditionell sein:

- Königsberger Klopse mit Gemüse und Reis
- Gulasch mit grünem Salat und weichen Nudeln
- Seelachs gebraten, mit Gurkensalat und Kartoffeln
- Eintöpfe (2- bis 3-mal in der Woche)

Neben einer ausgewogenen Kombination von Lebensmitteln liefern Eintöpfe viel Flüssigkeit. Außerdem sind sie bei Kauproblemen eine gute Alternative.

Senioren verbinden mit der **Nachmittagsmahlzeit** gern etwas Süßes. Hier sollte das Süße aus „nährstoffdichten" Lebensmitteln bestehen. So gibt es am Nachmittag z. B.:

- Vollkornbrot mit Quark und Marmelade, dazu Obst
- ein Stück Käsekirschkuchen oder Apfelkuchen
- ein Schälchen Quark, leicht gesüßt, mit aufgetautem TK-Obst
- zwei Vollkornkekse und eine halbe Banane oder
- Fruchtbuttermilch

Das **Abendessen** sollte wie das Mittagessen für eine große Portion Gemüse sorgen. Auch die Menge an Milchprodukten muss nun ausgeglichen werden (Käse, Quark). Weiterhin ist es auch eine Möglichkeit, Fisch anzubieten. Beispiele für ausgewogene Abendessen sind:

- ein oder zwei Scheiben Mischbrot, Butter, Käse und Salat
- eine Scheibe feines Vollkornbrot, eine Portion Hering in Tomatensoße und einen kleinen Salat
- eine Scheibe Vollkornbrot, Margarine, ein hart gekochtes Ei, Petersilie und dazu Tomaten.

Da das Durstgefühl bei Senioren nachlässt, ist es schwer, die Flüssigkeitsmenge von 1,5 Liter pro Tag zu schaffen. Außerdem scheuen sich viele Senioren vor dem häufigen Toilettengang, haben Angst, die Toilette nicht rechtzeitig zu erreichen oder sind so erzogen worden, dass man in bestimmten Situationen (z. B. beim Essen) nicht trinken darf. Trainieren Sie mit dem Senior das **Trinken** ohne Durst und finden Sie einen festen Trinkrhythmus. Senioren vertragen das Mineralwasser ohne oder mit nur wenig Kohlensäure besser. Wird Wasser nicht gern getrunken, kann ca. 1/3 Saft beigemischt werden.

Trinkt ein Senior nicht aus eigenem Antrieb, so sollten Sie ihm die Getränke vorsichtig anreichen. Stellen Sie Getränke dorthin, wo der Senior sich häufig aufhält (Bett, Esstisch, Küchentisch, am Fernseher), damit er überall die Möglichkeit zu trinken hat. Füllen Sie das Glas sofort wieder auf. Sie können auch die gesamte Tagesmenge am Morgen bereitstellen, sodass der Senior beobachten kann, was er im Lauf des Tages schon geschafft hat.

Trinkplan für einen Tag

- nach dem Aufstehen ein Glas Tee
- zum Frühstück Tee
- zur Zwischenmahlzeit ein Glas Mineralwasser
- zum Mittag eine Apfelschorle
- zum Nachmittag zwei Tassen Milchkaffee
- zum Abendessen zwei Tassen Kräutertee
- am Abend ein Glas Mineralwasser

Was können Sie bei Verstopfungen tun?

Eine Maßnahme, um Verstopfungen vorzubeugen, ist das ausreichende Trinken. Vollkornprodukte unterstützen die Verdauung ebenfalls, aber nur wenn ausreichend getrunken wird. Von guter Wirksamkeit ist regelmäßige Gymnastik, die auch im Liegen durchgeführt werden kann. Obst und Gemüse sind wasserreich und daher auch sehr wirksam. Daneben helfen auch Trockenfrüchte (Pflaumen, Aprikosen, Datteln). Um sie leichter essbar zu machen, können diese eingeweicht oder püriert werden und z. B. in einer Haferflockensuppe serviert werden. Bei **Kauproblemen** sollte die Brotrinde abgeschnitten werden. Fällt das **Schlucken** schwer, sollten feste Lebensmittel püriert und weichgedrückt werden. **Appetitlosigkeit** kann körperliche und seelische Ursachen haben. Finden Sie die Ursache heraus.

9.3 Häufige Erkrankungen im Alter

Der menschliche Körper leistet täglich, wie eine kleine Fabrik, eine große Arbeit. Dabei verliert der Körper an Widerstandskraft und die Regeneration verläuft langsamer. Das Immunsystem ist schwächer und der Mensch wird schneller krank. Ältere Menschen haben diesen Erkrankungen meist weniger entgegenzusetzen als jüngere Menschen. Daher verlaufen Krankheiten oft schwerer und dauern länger. Neben den körperlichen Problemen wirken sich psychische Belastungen, die ihre Ursache in den allgemeinen Veränderungen im Alter haben (Lb. S. 113), negativ auf die Gesundheit aus.

9.3.1 Osteoporose

Osteoporose, auch Knochenschwund genannt, ist die häufigste Stoffwechselerkrankung des Knochens. Die Erkrankung verläuft unbemerkt. Die Knochen in unserem Körper sind nicht starr, sondern eine lebende Masse. Diese befindet sich in einem ständigen Auf- und Abbau, damit die Knochensubstanz im Gleichgewicht bleibt. Im späteren Alter wird mehr Knochenmasse abgebaut als aufgebaut.

Schon vor dieser Zeit sollte durch ausreichend kalziumreiche Ernährung und viel Bewegung der Knochenaufbau gefördert werden. Von Osteoporose spricht man, wenn der Abbauprozess schneller oder stärker als üblich verläuft. Die Knochendichte nimmt ab. Die Wabenstruktur des Knochengewebes ist stark vergrößert und löchrig. Damit ist der Knochen instabil und anfälliger für Knochenbrüche.

9.3.1.1 Mögliche Ursachen, die zu Osteoporose führen können

Mögliche Ursachen	Begründung
– Wechseljahre der Frau – Entfernung der Eierstöcke	Östrogenmangel führt zur Entkalkung der Knochen
– Wechseljahre des Mannes	Testosteronabfall
– Vitaminmangel: D-Vitamin	ist notwendig für die Aufnahme des Kalziums in den Knochen
– K/C/E-Vitamin	für Knorpel- und Bindegewebe
– Bewegungsmangel	Bewegung fördert den Knochenaufbau
– Untergewicht	Führt zur Übersäuerung des Gewebes, zum Ausgleich löst der Körper Kalzium aus den Knochen

9.3.1.2 Vorbeugung – damit der Körper aufrecht bleibt

1. Gesunde und ausgewogene Ernährung
   - Kalziumreiche Ernährung – in Milch und Milchprodukten, Brokkoli, Lauch, Fenchel, kalziumreiches Mineralwasser
   - Eiweißhaltige Lebensmittel (Fisch- und Milcheiweiß)
   - Vitamin D – ist in Seefisch ausreichend enthalten
   - Vitamin K und C – in Obst und Gemüse enthalten
2. Ausreichend Bewegung
3. Untergewicht vermeiden

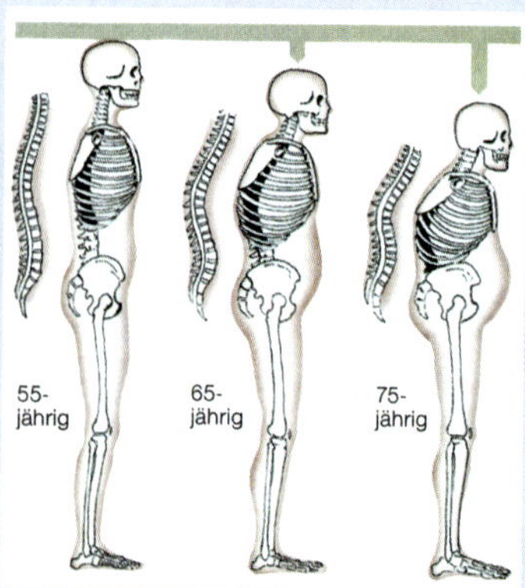

Andere „liebe" Genüsse sollten Sie meiden oder verringern.

Ohne Kaffee, Alkohol, Zucker ,Salz, Süßigkeiten und das Rauchen bleiben Sie schön aufrecht!

Veränderungen an der Wirbelsäule durch Osteoporose

Anzeichen der Osteoporose	Behandlungsmöglichkeiten
– erhöhte Anfälligkeiten für Knochenbrüche – Abnahme der Körpergröße – gebeugte Körperhaltung – hervortretender Bauch – Knochen- und Rückenschmerzen – Rundrückenbildung	– Basistherapie (gesunde Ernährung und Bewegung) – Bewegungstherapie (Wirbelsäulengymnastik) – Kalziummedikamente – Schmerztherapie – Operation (Verfüllen der Knochen mit Biozement)

Aufgaben

1. Beschreiben Sie die mögliche Entstehung einer Osteoporose.
2. Erstellen Sie eine Collage zur Basistherapie bei Osteoporose.
3. Worauf sollten Sie bei der Betreuung eines alten Menschen mit Osteoporose achten?

9.3.2 Arthrose und Arthritis

Beide Erkrankungen sind Erkrankungen der Gelenke, wobei Entstehung, Ursache, Anzeichen und auch die Behandlung unterschiedlich sind.

	Arthrose	**Arthritis**
Ursachen	Arthrose ist auf Abnutzungsprozesse zurückzuführen. Diese treten meist am Fuß-, Knie- und Hüftgelenk sowie an der Wirbelsäule auf. Bei diesem Prozess wird das Zusammenspiel von Knorpelschicht und Gelenkschmiere gestört und die Knochenenden stoßen aufeinander. Dies kann im fortgeschrittenen Stadium zur Zerstörung des Knochens und zur Versteifung des Gelenks führen.	Arthritis ist eine entzündliche Gelenkerkrankung. Sie tritt in Schüben in Verbindung mit einem schlechten Allgemeinbefinden auf. Ursachen der Entzündung können sein: – bakterielle Infektion – Stoffwechselstörungen – Fehlsteuerungen des Immunsystems
Warnzeichen	– Gelenkschmerzen unter Belastung – morgendliche Steifheit – Einschränkung der Beweglichkeit	– Rötung des betroffenen Gelenks – Schwellungen – heißes Gelenk – Gelenkschmerzen im Ruhezustand – Einschränkung der Beweglichkeit
Behandlung	– Kälte-/Wärmetherapie, Ultraschall, Schmerzmittel – ausreichend Bewegung, dadurch wird der Gelenkknorpel ernährt – bei Zerstörung des Gelenkes kann durch eine Operation ein Kunstgelenk eingesetzt werden.	– Gelenk ruhigstellen und kühlen, – bei bakterieller Arthritis Antibiotika – Ernährungsumstellung (pflanzliche Lebensmittel bevorzugen, Fleisch und Wurstwaren einschränken)

Aufgaben

1. Nennen Sie die Unterschiede der Gelenkerkrankungen Arthrose und Arthritis.
2. Was sollten Sie bei der Betreuung eines älteren Menschen mit Arthrose beachten?
3. Was sollten Sie bei der Betreuung eines älteren Menschen mit Arthritis beachten?

9.3.3 Altersbedingte Demenz

Wie bereits in Kapitel 9.1 festgestellt wurde, verändert sich mit zunehmendem Alter die körperliche und geistige Leistungsfähigkeit. Dies ist normal und nicht krankhaft. So treten auch Veränderungen bei der Energieversorgung des Gehirns auf. Dadurch kommt es zu einer **„normalen Vergesslichkeit"**, die wie folgt aussehen kann:
- zeitweises gelegentliches Vergessen
- an persönlich wichtige Dinge wird gedacht
- Verlegtes wird rasch wiedergefunden
- Erlebnisteile werden vergessen – wobei nach intensiven Überlegungen und Konzentration sich die Erinnerung wieder einstellt
- Merkhilfen werden genutzt

Demenz bezieht sich auf ein Muster von nachfolgenden Symptomen wie:
- ausgeprägte Gedächtnisstörung
- Verminderung der Urteilsfähigkeit und des Denkvermögens
- Störungen der Sprache, des Handelns und des Erkennens
- Störungen im Sozialverhalten (wie etwa im Nachthemd auf die Straße gehen)
- Störungen des Gefühlslebens (Wutausbrüche, Beschimpfungen)

Diese Symptome müssen mindestens über einen Zeitraum von sechs Monaten beobachtet worden sein und sich klar von einer akuten Verwirrtheit und einer schweren Depression unterscheiden.

In der **Betreuung Demenzkranker** sollte Folgendes berücksichtigt werden:
1. Die Stärken betonen, die Schwächen ausgleichen, Wertschätzung zeigen.
2. Jeder an Demenz erkrankte Mensch hat noch Fähigkeiten, die er nutzen will und nutzen soll. Hierbei gilt es, den Menschen in Würde zu begleiten.
3. Annehmen, Achten und Aushalten.
4. Ängste nicht herunterspielen.
5. Offenheit: Ehrlich bleiben, keine unhaltbaren Versprechungen abgeben.

Welche Reaktionen sollten im Umgang mit Demenzkranken gemieden werden?
- Betonung von Wissenslücken: Beschämt den Kranken und führt zu Konflikten.
- Kritik und Hervorhebung von Fehlern: Verletzt das Selbstwertgefühl und kann dadurch zu Depressionen, Aggressionen und Passivität führen.
- Ungeduld und Hektik steigern Unruhe und Hilflosigkeit, der Umgang wird weiterhin erschwert.
- Keine unnötigen Hilfestellungen „so viel Selbstständigkeit wie möglich"
- Die erkrankte Person nicht zum Kind machen.

Aufgaben

1. Nennen Sie Anzeichen einer Demenz.
2. Machen Sie Vorschläge zur Aktivierung von geistigen Fähigkeiten bei Altersdemenz.

9.3.4 Altersdepressionen

Oft hört man die Worte, „ich bin heute so depressiv". Meist soll damit gesagt werden, dass man traurig ist. Traurigkeit ist eine normale Reaktion auf belastende Erlebnisse. Wurde dieses Erlebnis verarbeitet, so wird die Trauer überwunden. Bei einer Depression bleibt dieser Zustand erhalten. Der Betroffene fühlt sich in einem tiefen schwarzen Loch, an einem Abgrund …

Anzeichen einer Depression können sein:
- Aufgaben können nicht mehr erfüllt werden, da man sich kraftlos fühlt.
- Betroffene grübeln ständig und plagen sich mit Selbstvorwürfen.
- Antriebs- und Entschlusslosigkeit liegt vor.
- Wertlosigkeits- und Schuldigkeitsgefühle treten auf.
- Rückzug von anderen Menschen, Schlaflosigkeit usw.

Altersdepressionen werden oft schwer erkannt, da die Lebensumstände älterer Menschen, z.B. den Verlust geliebter Menschen, nachlassende körperliche Gesundheit, mangelnde Bewegungsfreiheit, Vereinsamung oder den Umzug in eine fremde Umgebung mit sich bringen und depressive Stimmungen hervorrufen können. Oft wird daher eine niedergedrückte Stimmung als normal angesehen. Gehen ältere Menschen zum Arzt, dann klagen sie oft über Symptome wie:

- Kopfschmerzen
- Gliederschmerzen
- Schlafstörungen
- Konzentrations- und Gedächtnisstörungen
- Appetitlosigkeit
- Müdigkeit oder auch Unruhe
- Gewichtsverlust

Insbesondere das Auftreten von Schlafstörungen kann in Verbindung mit einer Depression gesehen werden. Als Alarmzeichen sind bei Altersdepressionen weiterhin zu sehen:
- Gefühle der Wertlosigkeit
- häufiges Nachdenken über den Tod
- Selbstmordgedanken

Die **Behandlung** einer Depression stützt sich auf:
- Behandlung der organischen Ursachen (z. B. durch eine Operation am Kniegelenk (Arthrose) kann die Beweglichkeit des Betroffenen wiederhergestellt werden)
- Behandlung mit Medikamenten/Antidepressiva (medikamentöse Behandlung ist oft schwierig, da ältere Menschen meist schon mehrere Medikamente einnehmen, hier muss eine genaue Abstimmung erfolgen)
- psychotherapeutische Verfahren (gezielte Anleitung zur Beschäftigung, um den Tagesablauf sinnvoll zu gestalten)
- Schlafentzugsbehandlungen
- Lichttherapie (auch regelmäßige Bewegung an frischer Luft und Gymnastik, soweit es der Gesundheitszustand erlaubt)

Für den **Umgang mit depressiven Menschen** gibt es kein Grundrezept. **Hilfreich** können nachfolgende Hinweise sein:

- zu helfen, die Depression als Krankheit zu akzeptieren
- volle Zuwendung gewähren
- gute Behandlungsmöglichkeiten erklären
- Nebenwirkungen der Medikamente erklären
- auf einen regelmäßigen Tagesablauf achten
- durch Betonung von Fortschritten die Wirkung der Behandlung verstärken

Keineswegs sollten Sie den Kranken auffordern, sich zusammenzureißen, ironisch sein, Selbstmordideen nicht ernst zu nehmen, ihn trösten, es sei bald vorbei oder ihn allein in die Ferien schicken.

Aufgaben

1. Begründen Sie in der Klasse die Hinweise für den Umgang mit depressiven alten Menschen.
2. Berichten Sie über Erfahrungen aus Praktika.

9.3.5 Inkontinenz

Inkontinenz bedeutet „Nichtzurückzuhalten" und bezieht sich auf Körperausscheidungen. Das heißt, es wird unkontrolliert Harn oder Stuhl ausgeschieden. Eine Harninkontinenz wird auch als Blasenschwäche bezeichnet. Es gibt verschiedene Ursachen für eine Inkontinenz. Häufig sind es vorangegangene Erkrankungen oder eine allgemeine Körperschwäche. Durch eine Operation oder durch spezielle Übungen (Beckenboden- und Blasenmuskeltraining oder einen regelmäßigen Gang zur Toilette) kann geholfen werden.

Hauptproblem bei einer Inkontinenz ist es, dass dieses Thema auch heute noch in unserer Gesellschaft ein „Tabuthema" ist und häufig mit mangelnder Pflege oder Unsauberkeit in Verbindung gebracht wird.

Mögliche Ursachen können sein:

Bei Harninkontinenz	Bei Stuhlinkontinenz
Schwäche des Blasenschließmuskels	Verletzung oder Schädigung des Schließmuskels
Fehlsteuerung über das Gehirn	Rückenmarks- oder Hirnverletzungen
Druck auf die Blase: – Frau: Gebärmuttersenkung – Mann: Vergrößerung der Prostata	Starke körperliche Belastungen
Chronischer Harnwegsinfekt	Infektionen
Blasentumor	Darmtumor
Allgemeine Körperschwäche	Allgemeine Körperschwäche

Hilfe für Betroffene

Wichtig ist, dass über dieses Thema gerade mit älteren Menschen offen und einfühlsam gesprochen wird. Dass Inkontinenz als eine „normale" Erkrankung betrachtet wird, gegen die etwas getan werden kann. Schnell führt es sonst dazu, dass sich Menschen zurückziehen, vereinsamen und Unsauberkeit entstehen kann.

Eine einfache Therapie ist das **Training des Beckenbodens**, das gerade in Senioreneinrichtungen vorbeugend in Verbindung mit Gymnastik angeboten werden kann.

Wie kann der Beckenboden trainiert werden?

In der Rückenlage werden die Beine angewinkelt, die Knie und Füße leicht gespreizt und dabei die Füße flach auf den Boden aufgesetzt. Über die Nase wird langsam eingeatmet und durch den Mund mit leicht geschlossenen Lippen wieder aus. Bei der Ausatmung die Beckenbodenmuskeln kräftig anspannen, indem Harnröhrenöffnung, Scheide und After nach innen (schambeinwärts) hochgezogen werden, als sollte Urin und Stuhl zurückgehalten werden. Bei der Einatmung Spannung loslassen. Die Spannung sollte 5 Sek. gehalten werden, dann 10 Sek. entspannen. Diese Übung sollte 3- bis 5-mal täglich wiederholt werden.

Damit die Lebensqualität erhalten bleibt und die Betroffenen am normalen Tagesablauf teilnehmen können, gibt es für die **Inkontinenzversorgung** in der Apotheke oder in Sanitätshäusern ein großes Angebot an saugfähigen Einlagen und Spezialhosen für Männer und Frauen. Für das Bett gibt es entsprechende Auflagen.

In schweren Fällen der Inkontinenz wird vom Arzt ein Katheter (ein kleines Röhrchen mit Schlauch) in die Blase eingeführt. So kann der Urin in einen Beutel ablaufen, der am Körper befestigt ist.

Aufgaben

1. Definieren Sie den Begriff Inkontinenz.
2. Begründen Sie, warum ein Angebot zum Beckenbodentraining gerade in Senioreneinrichtungen sinnvoll ist.

10 Das Leben ist endlich wenn die Uhr des Lebens stillsteht – oder: von Tod und Trauer

Die Uhr

Ich trage, wo ich gehe, stets eine Uhr bei mir;
wie viel es geschlagen habe,
genau seh' ich an ihr.

Ich wollte sie wäre rascher gegangen –
an manchen Tag;
ich wollte sie hätte manchmal verzögert
den raschen Schlag.
In meinen Leiden und Freuden,
in Sturm und in der Ruhe,
was immer geschah im Leben,
sie pochte den Takt dazu.

Sie schlug am Sarge des Vaters,
sie schlug an des Freundes Bahr,
sie schlug am Morgen der Liebe,
sie schlug am Traualtar.
Sie schlug an der Wiege der Kinder, sie schlägt, will's Gott noch oft,
wenn bessere Tage kommen, wie meine Seel' es hofft.

Und ward sie auch manchmal träge, und drohte zu stocken ihr Lauf,
so zog der Meister immer sie großmütig wieder auf.

Doch stünde sie einmal stille, dann wär's um sie geschehen
Kein and'rer der sie fügte, bringt die zerstörte zum geh'n.

Dann müsst' ich zum Meister wandern, der wohnt am Ende wohl weit,
wohl draußen jenseits der Erde, wohl dort in der Ewigkeit!

Dann gäb' ich sie ihm zurücke mit dankbar kindlichem Flehn:
Sieh Herr, ich hab' nichts verdorben, sie blieb von selber stehn.

Johann Gabriel Seidel

Aufgaben

1. Lesen Sie das Gedicht.
2. Ein alter Herr hatte sich dieses Gedicht vertont zu seiner Trauerfeier gewünscht. Tauschen Sie Ihre Gedanken und Empfindungen dazu aus.

10.1 Einstellung der Menschen zum Tod – früher und heute

Der Tod hat im Leben der Menschen schon immer eine große Rolle gespielt. Dies beweisen Grabfunde und Gemälde. Das Sterben erfolgte im Kreise der Angehörigen in enger Verbundenheit mit allen Bewohnern der Umgebung. Der Tod war öffentlich, er war mit festgefügten Ritualen (Trauerkleidung, Totenklagen) verbunden, die im engen Zusammenhang mit dem jeweiligen Glauben standen. Es war ein bewusst erlebter Prozess, an dem alle beteiligt waren, auch die Kinder. Mit dem Sterbenden wurde gesprochen und er wurde bis zum Schluss begleitet.

Heute ist es anders. Sterbezimmer in Krankenhäusern sind oft die letzte Stätte der Menschen. Das Sterben erfolgt häufig „allein" und ohne Beistand der Lieben. Auch sind sich Ärzte, Verwandte und Partner unsicher, ob die Wahrheit über eine unheilbare Krankheit dem Menschen hilft, oder ob diese dem Sterbenden gegenüber nicht ausgesprochen wird, um ein „leichtes" Ende zu ermöglichen. Viele Menschen fühlen sich hilflos und sprachlos gegenüber dem Sterbenden. Kinder werden möglichst ferngehalten, damit sich keine „Ängste" aufbauen. Dabei handelt es sich eher um die Unsicherheit „Wie sag ich es meinem Kind?" und „Was sage ich meinem Kind?" Die öffentliche Trauer im privaten Bereich gibt es kaum noch. Trauerkleidung, die in unseren Breiten schwarz ist, wird kaum noch oder nur über einen kurzen Zeitpunkt getragen. Oft wird über den Tod eines Verwandten nicht gesprochen.

Aufgaben

1. Finden Sie mögliche Antworten auf die Fragen:
   - Wie verhält man sich?
   - Was sagt man dem Sterbenden?
   - Was sagt man zu den Angehörigen?
2. Wie viele Menschen sehen Sie an einem Fernsehabend sterben und was empfinden Sie?

Die Auseinandersetzung mit dem Tod bringt zwangsläufig die Frage, was wir aus unserem Leben machen. Was immer wir annehmen, was nach dem Tod geschehen wird, so geht es immer darum, zu leben.

Was kann uns der Tod lehren?
- Der Tod kann uns lehren, das Leben zu lieben.
- Der Tod lässt uns die Bedeutung unserer Lebenszeit klar werden.
- Der Gedanke an den Tod kann uns bewusster leben lassen.
- Der Tod lässt deutlich werden, was wirklich wichtig ist.
- Der Tod macht klar, dass nichts selbstverständlich ist.

10.2 Bedürfnisse des Menschen in der Sterbephase

Sterben ist immer ein individueller Prozess. Die Bedürfnisse der Sterbenden sind nicht gleich. Beobachtet wurden unterschiedliche körperliche und psychische Bedürfnisse.

Die wesentlichsten **körperlichen Bedürfnisse** sind die Befreiung von Schmerzen, Ruhe, Hilfe bei Atemnot und Beklemmungen, Durst und sorgfältige Körperpflege, da Sterbende vielfach sehr schwitzen. Dadurch wird dem Sterbenden auch Achtung und Würde entgegengebracht. Außerdem ist die Erfüllung von **psychischen Bedürfnissen** wichtig. Der Sterbende hat den Wunsch nach Wahrheit, um persönliche Angelegenheiten regeln zu können. Das kann sein:

- persönliche Sachen zu ordnen
- ein Testament zu schreiben
- Gegenstände zu verschenken
- sich zu versöhnen
- eine Verfügung über eine Organentnahme zu schreiben
- oder festzulegen, dass keine lebensverlängernden Maßnahmen durchgeführt werden sollen.

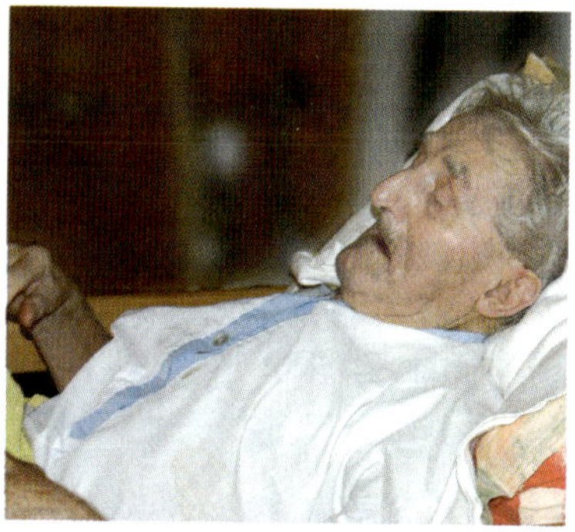

Außerdem sind Kontakt und Nähe sehr wichtig. Der Mensch möchte im Sterben nicht allein gelassen werden.

Bei der **Betreuung des Sterbenden** müssen genau diese Bedürfnisse berücksichtigt werden, damit ein Mensch in Würde sterben kann.

Aufgabe

Was verstehen Sie unter dem Begriff „in Würde sterben"?

Verhalten gegenüber Angehörigen

Auch Angehörige verhalten sich sehr unterschiedlich, wenn sie erfahren, dass ein Mensch unheilbar krank ist und bald sterben wird. Unsicherheit und Hilflosigkeit gegenüber dem Sterbenden und Angst in Bezug auf das eigene Weiterleben treten auf.
Was sollten Sie als Betreuungsperson beachten? Dazu einige grundlegende Hinweise:

Angehörige haben ein Recht auf **Information**. Die Angehörigen sollten über den Zustand, besondere Vorfälle, Veränderungen des Zustandes und Wünsche des Sterbenden informiert werden. Beachten Sie als Betreuungsperson aber immer, dass medizinische Gespräche nur vom Arzt geführt werden dürfen.

Angehörigen sollte **Zeit** gegeben werden, um in Ruhe Abschied zu nehmen. Dabei sollten auch die unterschiedlichsten Bedürfnisse berücksichtigt und nichts erzwungen werden. Es gibt auch Menschen, die diesen Abschied nicht möchten. Auch dies ist zu akzeptieren.

Angehörigen sollte auch **Raum** gegeben werden, damit sie auf Wunsch über einen längeren Zeitraum anwesend sein können. Es sollte auch Möglichkeit für eine eventuelle Schlafmöglichkeit geschaffen werden.

10.3 Abschied und Trauer

Der Verlust von Menschen, die wir lieben, ist eine der schwersten Aufgaben, die wir in unserem Leben zu bewältigen haben. Abschied und Trauer sind Themen, die früher oder später auf jeden von uns zukommen. Wir müssen es lernen, mit dem Schmerz umzugehen. Die Psychologin Verena Kast gliedert die Verarbeitung des Verlustes durch den Tod eines Menschen in vier Phasen:

- **Phase 1: Schock und Verneinung**
  „Es ist einfach nicht zu fassen, es darf nicht sein." Diese erste Phase ist durch Empfindungslosigkeit gekennzeichnet.
- **Phase 2: Aufbrechende Gefühle**
  Nun brechen die Gefühle des Hinterbliebenen aus, Wut, Verzweiflung, Schuldgefühle oder Schmerz. Die Gefühle überwältigen die Menschen.
- **Phase 3: Suchen und Trennen**
  Der Hinterbliebene sucht nach Kontakt zum Verstorbenen – sei es durch Rituale, wie das Mitdecken des Tisches für den Toten, eine Kerze am Bild anzünden, durch Wachträume über den Toten usw. Es ist die Phase des Wechselbades der Gefühle – Trauer, Trost, Ernüchterung.
- **Phase 4: Entstehen eines neuen Selbst- und Weltbezugs**
  Erst jetzt erfolgt die tatsächliche Akzeptanz des Todes, der Hinterbliebene beginnt, seinen eigenen neuen Lebensrhythmus zu finden.

„Sterbender Wald"

Im Umgang mit den Hinterbliebenen ist es wichtig, ihnen Zeit zum Trauern zu lassen, sich aber nicht von ihnen abzuwenden, sondern für Gespräche offen zu sein.

Aufgaben

1. Nach einer Beerdigung findet ein sogenannter „Leichenschmaus" statt. Welchen Sinn könnte das Beieinandersitzen, Essen und Reden haben?
2. Betrachten Sie das Bild „Sterbender Wald".
   Könnten Sie sich dieses Bild als Motiv für eine Trauerkarte vorstellen? Begründen Sie die Aussage.

Sachwortverzeichnis

Bildquellenverzeichnis

Autorinnen: S. 25, 37.2, 38.1, 39.3, 40, 56.1, 66.1, 69, 73, 74, 75, 78 (2x), 124 (2x)

Abda (Bundesvereinigung deutscher Apothekerverbände): S. 105.3

Bilderbox, Thening (Östereich): S. 23.3, 51.5, 62.2, 67, 87.6, 87.7, 130

Das sichere Haus (DSH): S. 47

Deutsche Gesellschaft für Ernährung, Bonn: S. 118

Fotolia: S. 10.5 ©Diego Cervo, 22.1 ©Franz Pfluegl, 33 ©Kirill Zdorov, 37.3 ©Anja Roesnick, 38.2

©Daniel Fuhr, 39.1 ©Daniel Fuhr, 50 ©Tina Ryan, 57 ©Susanne Güttler, 59 ©Grischa Georgiew, 61.1 ©ahardert, 61.2 ©Monika Adamczyk, 61.3 ©Dragan Trifunovic, 71.1 ©Monika Adamczyk, 71.2 ©Ivonne Wierink, 79.2 ©eka, 80.1 ©Franz Pfluegl, 81.1 ©Ewa Walicka, 81.2 ©Kwest, 93.5 ©evgenyb, 96.6 ©Eric Isselèe, 99.1 ©Oxymoron, 105.2 ©Teamarbeit, 107.1 ©PhotoCreate, 107.2 ©Karin Lau, 107.3, 107.4, 110 ©emmi, 125 ©poco_bw,

Werner Fürst/Eric Schnauder: 13.2, 13.3

Habermaß GmbH, Bad Rodach: S. 39.2

Latzgus + Lang, Altdorf: S. 104

MEV-Verlag, Augsburg: S. 7 (6x), 8, 9, 10.1-10.4, 11, 12, 13.1, 15.1, 15.2, 16.1, 17, 18 (3x), 19 (3x), 20.1, 20.3, 21, 22.1, 29, 30 (5x), 35.1, 36 (2x), 37.1, 37.4, 43 (6x), 46, 49, 51.1-51.4, 51.6, 55, 56.2, 60, 61.4, 62.1, 63.2, 63.3, 66.2, 68, 83 (7x), 85.1, 85.2, 85.4, 86, 87.1-87.5, 89, 90 (2x), 91 (3x), 93.2-93.4, 95, 96.2-96.5, 99.2, 100, 104.3, 105.1, 105.4, 105.5, 105.6, 106 (6x), 116, 117, 119, 120, 128, 131

ovata-Alltagshilfen~Wohlfühlen, Hainhausen: S. 102

picture-alliance/chromorange: S. 63.1, 64

picture-alliance/dpa: S. 13.4, 63.3

picture-alliance/OKAPIA KG, Germany, Copyrigt: Dr. med. J.P. Müller, OKAPIA: S. 93.1

picture-alliance / OKAPIA KG, Germany © Roland Birke/OKAPIA: S. 96.1

picture-aliance/Picture-Alliance: S. 122

Project Photos: S. 16.2-16.4, 20.2, 41, 70, 79.1, 85.3, 113

Zeichnungen

Birgitt Biermann-Schickling, Hannover: S. 31.2

Angelika Brauner, Hohenpeißenberg: S. 32, 48, 77, 98

Elisabeth Galas, Bad Neuenahr: 26, 28, 65, 76,

Oliver Wetterauer, Stuttgart: S. 23.1, 23.2, 24, 34, 35.1-35.2, 101, 102, 103, 109

Titelbild

Fotolia © Grischa Georgiew (kleines Kind), © absolut (älterer und junger Mann), © Otto Durst (Seniorenheim)

Zeichnungen: Cornelia Kurtz, Boppard